苏芩 著

真爱没那么累 幸福没那么贵

True love & Happiness

从女孩到女人的
心灵成长课

CNS PUBLISHING & MEDIA 湖南文艺出版社 HUNAN LITERATURE AND ART PUBLISHING HOUSE 博集天卷 CS-BOOKY

目录 Contents

Monday

星期一：每个女人天生都是公主

自我认知课：找到自己的爱情盲区

Tuesday
星期二：
在爱情魔镜中看清自己
女人觉醒课：活得明白不如爱得明白

Wednesday

星期三：

塑造一个完美自我

女性涉世课：看穿人世不如看穿人心

Thursday

星期四：

你在扮演何种爱情角色

爱的真相课：赢得男人不是女人爱的全部

Friday

星期五：

谁才是你的Mr. Right

认识异性课：男人为何不对你微笑

Saturday
星期六：
勇敢面对爱情难题
情感释疑课：解开女人一生爱的难题

Sunday
星期日：
婚姻并非爱的迷宫
深度婚姻课：心态决定成败

女人的经历可以沧桑，心态绝对不可以沧桑。

生活不是复杂的艺术，应是简单的法则，

越简单的人越易获得快乐！

——苏芩

Monday
星期一：
每个女人天生都是公主

女人与生俱来有一种爱的向往，不顾一切想要去爱，却往往在开始就没搞清楚：我是什么样的女人？我需要什么样的爱？

离自己越近的东西，越看不清楚，就如同女人的爱，在外人眼里，可以地动山摇，可以无所畏惧，但在她自己的眼里，统统说不明白是个什么样子。

这是女人爱的盲点：永远不知道自己对爱的真实想法。

曾经有人说：初恋时，我们不懂爱情。

现在的情况是：恋爱中，没人搞得懂爱情。

原因仅仅是因为：爱，永远在女人的盲点区。

这个盲点区，往往就是女人的“情场死穴”。但凡婚姻恋爱不圆满的女人，大多会把失败的责任推到对方身上：不负责任、不懂女人、不懂生活、不像个男人……

顺理成章地为自己失败的爱找了一个可退的理由。但是，几乎没有女人敢承认：我爱得失败，是因为我不了解自己的优点和弱点。

这才是失败的原因，因为你不了解自己真实的心态。

任何女人的爱，都有一点致命伤，如果你搞不清楚问题出在哪里，那么即便遇上十全十美的男人，也依旧会以失败收场。

找出盲点，避开死穴，认清自己爱的真实心态。

自我认知课：
找到自己的爱情盲区

作为女人，也许你不知道，也许你不承认，但这绝对是个真理——

女人都有一颗“坏”心

一个男人对她说：你真是个十足的好女人。

另一个男人对她说：你真是个让人头疼的坏女人。

于是，第一个男人成了她的过客，第二个男人成了她的爱人。

没有女人想做一个十足的好女人，即便她真的是一个十足的好女人。

曾经，相夫教子、贤妻良母，是极褒义的词汇，是对一个女人最高的评价。

时至今日，这些词汇在年轻一代女人的心目中几乎全成了贬义词。

女人眼里，“坏”是一种可以提升魅力和身价的气质。

一个好女人，男人会欣赏。一个坏女人，男人会迷恋。

“欣赏”与“迷恋”之间，女人们在互相攀比。

男人与男人，比的是能力指数。女人与女人之间，比的是情欲指数。

一个女人，不论你多么端庄贤淑善良大方，不能第一时间激发起男人的欲望，就算不上有魅力的女人。

褒姒、西施、貂蝉、杨玉环……古往今来的美人儿们之所以名传千古，皆是因为，她们都不算真正的好女人，周身充满了政治阴谋和情欲诡计，让一个帝王屈服，让一个举世无双的男人拜倒在裙下，实在是女人极致的荣耀。

没有女人不羡慕她们，没有男人不垂涎她们，情欲中的阴谋成就了情欲中的美人，千年之后，人们依然乐道这群“坏女人”！

男人感慨：这世道，好女人越来越少！

不是的，好女人并未减少，只不过都披上了一层“坏”的外衣。

作为女人，要明白：“坏”也是有度数的，高度的“坏”是可怕的坏女人，低度的“坏”是可爱的坏女人。

烟酒不沾，是健康的生活方式，未必是诱人的生活方式。情爱之中，如果事事以“好”为标尺，那只能换来“坏的结果”。

女人，“坏”一点，不是坏事……

从女孩到女人，你改变的不仅仅是身体，还有——

善变的少女情怀

有年轻女孩来信说：“怎么办？我是个薄情寡义的人，

明明昨天还爱他，可今天的爱又换了另外一个他。“我想做个专情女子，善变不是我的本意……”

我明白，善变当然不是你的本意。

只不过少女的心无法不善变。皆因，女孩还不是女人，正需要几分善变交替出情爱中的那段莫测时光，唯此，才是年轻人心仪的“有趣的生活”。

年轻女孩无不渴望经历，没有经历的人是可怜的人，没有悬念的生活是最乏味的生活，年轻时不经历情爱飘摇、欲望动荡，等到一条条皱纹爬出来，她会懊丧：“老天！我到底有没有年轻过？！”

换过几个情郎，伤过几次心房，女孩变成了女人。

女人，即便有爱，也不再天马行空、讳莫如深地盘算着现实重量，这是女人的情怀。

所以，女人的爱不再如女孩般多变，只因，女人的爱，变不起，也输不起！

很羡慕女孩的率真，今天爱你，明天又爱上了他。青涩的欲望、游离的心，这便是少女情怀，易变，但也真实。

从女孩到女人，收敛了叛逆天真，安定的心里多了几分名叫“装饰”的东西……

有点儿尴尬，有点儿有趣，但你无法逃避，因为这是个令女人脸红的事实——

女人都是情爱幻想狂

女人对待爱情这回事儿，总有着超乎寻常的想象力：

一男一女并肩走来，她会想：他们看起来是很般配的一对。

其实，那对男女不过是早上刚刚认识的同事。

又一男一女并肩走来，她又会想：他们交往到哪一步了？

其实，那对男女不过是偶尔碰到一起的散淡之交。

再一男一女并肩走过来，她依然会想：他们是夫妻还是情人？很有夫妻相哎！

都不是。那对男女是姑表兄妹。

……

女人的思维，永远在“情爱”二字上打转。

但凡女人，都是早熟的，当然，女人的早熟又多是从自作多情开始的。

学生时代，同桌的男生请她分享一颗糖，她会想：他是不是喜欢我？

毕业求职，一同面试的异性多跟她攀谈几句，她会想：如果我们一起进了这家公司，日后发生办公室恋情怎么办？

相亲约会，第一次见面的男人送她到楼下，她会想：他是不是希望我邀他上楼、邀他进入我的卧房？

……

也许那些男人对她有意，也许那些男人对她无意。

但女人对“情爱”，永远有自己的一份期待。

现实中，这样的女人多被称为“自恋”，男人会嗤之以鼻，但是女人面对男人，总会保留一份发挥想象力的自由。

女人的想象力，是种心态，从年轻到年老，并不容易随着年龄变老。

面对一个男人时，你心中一动：他，会不会与我有段故事……

一动间，证明了——你还年轻。

男人女人常常不明白：扮靓，不是为了讨好男人，而是为了让男人来讨好你。男人，在女人心目中的最佳角色永远是“裙下臣”，绝对不能是“裙上王”。弄颠倒了主次，难怪你总是爱得失败。

美丽是为了征服

中国有句古话：女为悦己者容。

曾经有一段时间，我对这话抱有疑问：为何是“悦己者”，而不是“己悦者”？

一个女人，喜欢一个男人，才会为他修饰、为他扮靓，不是吗？

当然不是。

女人修饰自己不是为了讨好心爱的男人，而是为了让心爱的男人来讨好自己。

“我花了两小时化妆，穿上新买的蓬蓬裙，可是约会时，他竟然自顾自地吃他的牛肉面，压根儿没有多甩我两眼！我这样的百媚千娇，难道还要觍着笑脸逢迎他不成？！”

气愤！为了浪费掉的那两小时的化妆时间，为了新买的蓬蓬裙，更为了自己精心勾画出来的百媚千娇！

谁都知道，美是一种资本，女人把它握在手里，为的是征战情场所向披靡，让一个又一个男人拜倒于自己的脚下。

于是，当风情万种的你坐在对面，是考验一个男人“爱商”的最佳时机：聪明的男人会为你献上乍惊还喜；愚钝的男人照旧一脸平静，风雨阴晴无变迁！

作为男人，如果女人为你装扮出风情万种，你要买账，要放下一个男人傻傻的自尊心，去巴结，去讨好，去配合她演完这场偶像剧！

女人都有做戏的心理需求，如果你不能明了，便不配做她的男人……

每个女人使出浑身解数打造性感风情，吊带裙、低腰裤、烈焰红唇、媚眼如丝……但是，扮靓的同时，你们知不知道，与火辣的性感美人相比，有一种女人更令人动心。

感性是女人最性感的个性

“我家小美永远异想天开，吃着吃着西餐会突然说怀念炸酱面的味道，大半夜一觉醒来，会突然说要上阳台跟星星见个面！唉，真拿她没办法！”

“我家琪琪也是一样，虽然结婚五六年了，一点儿都没有老婆的样子，见了我这个老公永远一副情人样！真让人头疼！”

当然，说归说，不要以为这两个男人真的头疼，娶到这样的女人，他们心里其实偷偷在笑。

男人眼里：感性是女人最性感的个性。

办公室里最精明干练的OL往往乏人问津，讲坛上博学多才的睿智女先生令男人却步，相亲时侃侃而谈、博古通今、纵横五千年的女学者绝对捞不到下一次见面的机会……过分的理性，令女人失去了女人的属性。

贾宝玉会说：“我不爱宝姐姐，我爱林妹妹。”

他心里面的想法是：宝姐姐性感，但林妹妹感性。

女人，如果学不会感性，尤其在男人面前的感性，那离完满的爱情还很远。

女人的性感很多元，不见得非要天使的脸蛋、魔鬼的身段，对着寂寂星空说一点儿天长地久，也是一种性感，一种皮肉之外的性感。

皮肉之表的性感引发男人的欲望，皮肉之外的性感套牢男人的欲望。

女人，如果遇到了一个中意的男人，别忘了性感一点儿，外加，感性一点儿。

“不必做漂亮的女人，不必做高雅的女人，但一定要做个有女人味的女人！”女人都有这样的目标。
但是，“女人味”到底是什么味儿？答案告诉你——

女人味就是油烟味

你去问一万个人：什么是女人味？

会收获不少答案：品位独特，风情万种，举止优雅，温柔款款，柔和大度……

当然，能有这些优点的女人是有女人味的女人，甚至算得上近乎完美的女人……可是等一下！好像还缺了点儿什么？

哦，对了，这些女人的身上还缺了一点点油烟味。

烧饭做菜是女性文化中很特别的一个内容点。当然，很多人不把这个看成是“文化”，而认为是最俗、最寻常的生活部分。

其实不然，厨艺历来被男人上升到女性评价的最高标准之一，“出得厅堂下得厨房”是男人选妻的终极理想，不单是填满了肚子，更是填满了男性自尊。

古人说：食色性也。

食与色历来分不了家。一个美女老婆是男人的乐事，一个美女老婆能从厨房中端出精致佳肴则是男人的福分，前者能让男人乐上几年，后者能让男人乐上一世。

不论时代怎么变，一个只会白水煮白菜的女人很难成为婚姻中的抢手货，结婚后，你会发现这日子的难过。

女人抱怨："婚姻一点儿也不美好，原来不可以天天下馆子！"

男人也抱怨："老婆身上除了脂粉味就是香水味，没有一点儿女人味！"

不要觉得男人俗，有时候，女人味就是油烟味。

当然，你要明白：油烟味只是女人味中的一部分。
身上只有油烟味，男人说："那是没有魅力的女人。"
身上只有香水味，男人说："那是没有深度的女人。"
那有深度又有魅力的女人是什么味儿？
他会说："稍带几分烟香与酒熏。"
女人，你明白烟与酒的妙处吗？

女人的情毒

烟和酒，是两种历史最悠久的毒物。不仅仅影响着人的味觉，更改变着人的审美情趣。烟酒对于男人来说是天经地义的，可对于女人的意义着实有些微妙。

古代女人常常不离烟酒的话题，话本儿里的太太、奶奶是抽水烟的，咕噜咕噜地打发着青春的时光，那里面有她们的爱和寂寞。酒更是必不可少的，大家之女，没有三杯五盏的酒量，几乎是不能嫁人的，餐前饭后不陪老公喝上两杯，这样的太太一定是不解风情的床上尤物。

那个时代的女人，烟也好，酒也罢，都是一个点缀。说到底，抽烟的女人和喝酒的女人，都只是男人的点缀！

其实，对于女人，不论烟还是酒，只要恰到好处，就是爱的催化剂。

烟是男人的零食，却是女人的化妆品。男人吸烟是为了解嘴馋，女人吸烟是为了增魅力。吸烟的女人为的始终是一个缭绕的姿态，不论何种女人，一支香烟上手，立刻就是一种证明：我不是那种简简单单、青涩懵懂的女子，我有故事，还有一肚子沧桑等着向你倾诉！

爱抽烟的女人一般比较安静，不太喧哗，置身闹市也能安然取静。因为，她需要足够安静的环境来舔舐曾经的伤口，而这种安静对于男人有着致命的吸引力！用通俗的话来说：喜欢抽烟女人的男人属于喜欢闷骚型女人的人。想要诱惑他，把嘴巴闭紧，透过缭绕的烟雾与他无限幽怨地对望。如果你做到了，那么OK！这个男人归你了！

喝酒的女人不太一样。

大口喝酒的女人很容易让人联想到古装片里那些行走江湖的女侠！看到她们，总让人联想到刀锋的寒利，是一种决生死、断柔情的刚烈。对于这样的女人，男人很难生出太多的怜爱。面对一个比自己多干大半瓶二锅头的女人，再强的男人也得泄气！情场女人得学会适当地控制酒量。一杯红酒浅尝辄止是一种销魂，一瓶白干一饮而尽则是一种惊魂，前者是对异性的传情，后者是对男人的恐吓！在外交际应酬，可以杯中见英雄，面对自己心爱的男人时，适时的装醉是上策！给他一个送你回家的机会，也许他喝得比你还高。比你还脚不着地，但第二天醒来时，一定不要忘记娇羞地对他表示感谢，说自己酒量实在不行！

酒桌上不是任性的地方，一个女人愿意在酒桌上输给一个男人，证明她真的爱这个男人。换言之，如果一个男人在酒桌上输给一个女人，那则不是爱，是丢脸！

当然，总还有些女人，既喝酒又抽烟。如果两样都恰到好处，是女中极品，风情历练，又不乏智慧。如果一个女人烟酒都沾，而且泛滥成灾，这样的女人是女中土匪，足令天下男人汗颜，能够成功出嫁的可能性肯定相对减少！

直到现在，依然有不少男人把女人兰花指间的一支香烟或水晶杯中的半杯红酒，看成是世间少有的风雅物……

美，也是为了爱。扮靓总是为了能套住一个驻足欣赏的男人。美丽是视觉享受，爱情则是味觉尝试。普天下的女人都爱一点儿醋酸味，觉得那是正宗爱的滋味，有醋可吃，她认为自己至少不寂寞。但是，凭一碗醋评断爱情，实在不可靠。

吃醋未必代表爱

男人和女人其实很像，评价对方爱不爱自己，往往以“吃醋”来作为标尺。

“见其他男人跟我套近乎，他吃醋。”

“见我对其他女孩儿献殷勤，她吃醋。”

“节日里，我的第一个问候短信不是发给他，而是发给大学时的蓝颜知己，他吃醋。”

“朋友聚会，我先帮公司里漂亮的女同事倒可乐，她吃醋。”

……

长长一串带着“醋”味的清单列出来，共同证明了一件事：他（她）是爱我的！

真的爱你吗？

未必吧。

吃醋不一定代表爱，有时候只是一种占有欲，他（她）是你的，不容侵犯。就像小孩子早就玩腻了的玩具，不惜毁它、摔它、糟蹋它，如果这时候有人说：“让给我吧”，保证他得不到满意的答案。

宁肯自己毁掉它，也不让别人拥有它。这就是人自私的占有欲。

每个孩子都会长大，但占有的欲望不会因为长大而消失。

很多女孩子哭诉：“他对我样样不好，挖苦我、冷落我，甚至打骂我……”

问她：“为什么不离开？”

她说：“看到我与其他男人联系，他会吃醋。我相信他至少是爱我的。”

未必。

“吃醋”不是衡量一个人爱或不爱的标准，把“醋意”当成“爱意”是傻女人的傻逻辑。如果你把“吃醋”当成爱，那你的人生终将变成一壶醋！

“恋人不是不好，可是依然想分手。这是一种病态吗？”很多女人都有这样的困惑，不知足到她自己都会预料到日后的后悔，可是没法子，谁让——

诱惑的爱，女人最爱

很多女人总说：“虽然跟男友恋爱已久、关系稳定，但身边总有些诱惑出现。人非圣贤，总有经不起诱惑的时候，为什么男友就不能宽大为怀，原谅一下自己在诱惑前的泥足失陷呢？”

面对诱惑，该进？该退？这是个问题。

大部分诱惑来得莫名其妙，尤其对女人而言：不是因为抵挡不住诱惑，而是年轻的心渴望诱惑。身边的男友即便可以依赖，也依旧满足不了女人对爱的希冀——渴望他的爱，但并不仅仅渴望他的爱。

女人都一样，总需要很多人的爱，只是希望这其中也包括男友的一份罢了！

现代社会里，越来越多的女孩儿患上了公主病，尤其是恋爱时，误认为自己是公主，可以撒娇任性随意伤人，而对方不能有任何不满。

你认为他是你的，你却不是他的。

其实没道理得很。你把他当成自己的臣子，把自己对他的爱当成恩赏，年复一年，你高高在上的姿态渐渐磨灭了他爱的火焰。

怨谁？

诱惑面前，应该瞻前顾后。虽说年轻总会犯错误，但犯了错误，上天未必会因为年轻而给你改正的机会。

年轻并不意味着可以不为过失负责。

这样的道理越早明白越有益处。如果你还不懂，那么可以预料，日后的生活里是要吃亏的。

男人不坏、女人不爱。

年轻女人更是如此。

虽然明知道错过以后会后悔，但是——

年轻女人不爱好男人

有年轻女人问：“为什么我心里总是拒绝与好男人结

婚？明明知道机会错过不再有，可就是有那么一种不甘心！”

不少年轻人都有恐婚心态。不是害怕结婚这件事本身，而是意识当中认为自己还年轻，还想多玩儿几年浪漫。如果不经历过所有想经历的一切，即便婚后生活幸福，也不会真正感到满足，没办法踏踏实实过日子。

不少女人有这样的经历，年纪轻轻时，还没经历过人生的种种起落便嫁为人妇，以至日后的生活中总感觉有那么一点儿不对劲，总觉得婚姻中少了点儿什么东西，也总觉得自己跟其他人比更不幸福、更不快乐。什么原因，她说不上来，但很想弄明白。

原因不复杂，说白了，就是少了一点儿经历。

对女人而言，经历也许会让她心碎，但缺了它，生活便不完美。惊心动魄的爱情，即便失败，也是女人的梦想！

婚姻中，常有些活得不幸福的女人，真的不是所遇非淑人。只是当下的心态里，还未曾彻底地学会知足。——人是遇对了，只是时间错了。

那些玩心还重的姑娘，若幻想还未散场，那便只好静等一切经历过以后再说吧。

也许日后的际遇，回回不如今日。

但咬紧了牙关别作抱怨：年轻是需要代价的，不付点儿学费，人怎可能长大？

一般女人心里，女人是弱势群体，楚楚可怜，期望男人一生一世的爱，其实是错觉，也许连她自己也不知道——

那颗多变的女人心

太难有一生一世的爱情了，尤其对女人而言。

也许你会说："这不对啊，自古都说'负心汉'，负心女却少得多了。更何况，出轨的人里，男人明显更多，不是吗？！"

这里，先要明确一个概念：变心和背叛并非同一概念。

女人的感情总有惯性，一旦恋爱了，总是希望能够一直爱下去，即使日后爱情不存在了，也愿意假装一直爱下去，就算男人提出了分手，仍然会感觉到很受伤害，觉得受到了莫大的侮辱和背叛。平心而论，爱情中，身体上先出位的多是男人，但精神上先动摇的常是女人！

男人和女人的爱情观有很大不同。

男人把爱情当做生活，故而能用柴米油盐的眼光来坦然视之，很少见到哪个恋爱中的男人会因为爱火中烧而降低了食欲。爱情不能取代粮食，这是男人至上的真理！

女人不一样，女人把爱情当做生命，虽一字之差，含义却大不相同。热恋中或失恋中的女人往往食不甘味，任你龙肝凤胆、天下奇珍也动摇不了她的心，皆因女人的爱情就是粮食。

生活像水，可以细水长流；生命像火，没有燃烧不能称为精彩。

女人渴望激情，男人向往平实，源于这样的道理。

男人迷恋像火一样的女人，她可以带来瞬间的快乐，但沸腾过后，会面临烧干的危险。

对女人而言，当男人这锅水全部烧成了水蒸气，所谓爱情自然也就不在了。

不要惊异，这个时间并不太长。女人一般在恋爱一年左右的时候，差不多就会燃尽自己的全部激情，纯正的爱情从此消失。但男人不要因此就断定这个女人要和你分手了，如果这个时候你们之间的感情没有太大的风浪，那说明这个女人正在考虑和你结婚。其实，女人是把激情和生活分得很开的。她心里会有一杆秤，什么样的男人适合恋爱，什么样的男人能够结婚，都排列得清楚明白。

对一个合适的男人习惯性地“爱”下去，直到把生命变成生活，踏踏实实的日子，踏踏实实地过下去，每个人都差不多。

想离婚迟迟没有离婚的女人随处可见，她说这是对他的施舍，是给他最后一个机会。但是，如果你偷偷地告诉她一句话，她立马会拉上他去离婚登记处排队，只要你能让她弄明白——

女人最惧怕的事情是什么

小莲被丈夫抛弃，哭得一塌糊涂："他凭什么不要我？！他有哪一点儿登得厅堂？！我十年前就想跟他离婚了，一直忍着，可忍到现在，他倒把我给甩了……"

周围人对她莫不同情，纷纷指骂负心汉。

可是，不对！明明十年前便想离婚，为何拖了十年还没离，最后反而被对方抛弃？

女人说：这是仁慈，是对男人的施舍。

可婚姻中没有施舍，幸福就是幸福，不幸福就是不幸福，没有第三条出路。

但被不爱的丈夫抛弃后，女人仍然痛哭流涕，因为痛苦！

你问为什么？

原因很简单。

女人最惧怕的事：被深爱的男人抛弃！

女人更惧怕的事：被不爱的男人抛弃！

前者会感到伤心，后者会感到丢脸！

对于女人，丢脸比伤心更可怕！

不想丢脸的女人，不妨先行一步，过不下去，该离就离，拖到最后，活该你倒霉！

泡菜，是中国很流行的一种食物。有意思的是，它跟女人的理想很相似——希望永远能够留住五颜六色的鲜艳。
泡菜，腌透了味道，也腌透了心，全都不是新鲜的天真……

不做“泡菜”女人

正宗的四川泡菜汤汁清透，泡好的腌菜依然鲜艳如昔。但凡女人都会喜欢那股酸辣的爽口劲儿，去川菜馆吃饭，一碟泡菜往往是必不可少的佐餐小菜！

我从来不吃泡菜，嫌弃它的味道，陈腐死亡的味道。原本清鲜的蔬菜变成了花椒盐水里的艳丽标本，迎头一股酸腐气！

不光不吃泡菜，我拒绝一切腌制过的菜品：北方的芥菜疙瘩、南方的雪菜腌肉、东北菜馆里的酸菜饺子、韩国料理店的辣白菜、法式餐厅里的酸黄瓜……统统不吃，看到它们，嘴里便泛起发酵汤水的复杂滋味，很不舒服的感觉！

很多人喜欢腌菜的这股味道，酸辣甜咸，每种滋味都能在舌尖延伸到极致，是一种酣畅淋漓的味觉纵容！

除此之外，女人喜欢泡菜更似别有深意。平常的蔬菜只能新鲜一天，泡菜却能让新鲜延续下去，这是女人的梦想。

原本新鲜翠绿的蔬菜经过盐水的浸泡，把时间阻隔掉了，透过玻璃瓶，翠绿红白，一色不少，只是，丧失了新鲜和天然。就像今天的整容术，一张张脸眼看着要失去新鲜，没关系，推进手术室里，几小时后，依旧是红的红、白的白，像是注了盐水的泡菜。

泡菜一样的女人，美丽也是腌过的美丽，整容术永远解决不了新鲜和天然。

当然，对于女人而言，有一张泡菜般的脸还不是最可怕的，最可怕的是有一颗泡菜般的心——看似鲜活朝气，实则只是一具有色彩的干尸！

女人，不论是脸还是心，假如仅仅剩了颜色，没有蓬勃的生命力，这样的女人，注定与真正的美丽无缘！

我依旧不爱泡菜！

女人喜欢的生活有时候就是一个花架子，看上去挺美，过起来挺难，全来自一颗虚荣心。但女人死活不肯承认，毕竟，虚荣着的时候，女人会有做公主的错觉……

女人都爱高尚生活

没有女人不渴望高尚生活，这是真理。

说到高尚生活是什么样子，有些人会说：冬天穿短袖衬衫，夏天穿长袖棉线衫，三九天把西瓜当饭吃，三伏天拿橘子榨汁喝……

全是反季的行为。只有完全不了解高尚生活的人，才会闹出如此的笑话。

高尚生活不是别的，仅仅是一种身份。追求高尚生活的女人都是这样的看法。

月薪多少不重要，重要的是在哪种档次的公司就职。农贸市场的菜贩虽月收入过万，但永远沾不着“高尚”的边儿。

房屋结构不重要，重要的是在什么样的地段居住。五环外的经济适用房再宽敞，也不如三环内地铁边的一居小公寓看起来有气质。

读名校，进名企，开名车，遇上一个圈子里的名男人……

一个女人的高尚生活不外乎如此。

高尚生活，就是要让外人羡慕的，如果少了垂涎三尺的目光，高尚生活也就少了魅力。

无数人在为高尚生活而努力，就因为那种人人称羡的风光，当然，风光的背后是什么滋味，只有她们自己知道。

就像是西餐，不合自己的肠胃，一顿大餐下来，总有消化不良的感觉，每次吞完药片，我都想：下次打死也不吃西餐……

然而到了下次，又想：盘叉的敲击声，听起来也蛮有调调的！

于是，又是一次消化不良。如同向往高尚生活的女人们……

越来越多的女人说："结婚这种无聊的事，怎么还有这么多人在干？"的确，有女人想婚，有女人抢婚，有女人逼婚，也总有女人会懒得结婚。婚姻，对女人而言，真是一笔明白又糊涂的账。

有多少女人懒得结婚

单身潮愈演愈烈，曾经的单身女是愁嫁，如今的单身女开始懒得嫁——与其委屈地结婚，不如快乐地单身！

在这种趋势下，有那么一些女人始终没有嫁人，不是嫁不出，而是不屑于嫁。这类女人事业有成，凭自己一个人的能力就能过上优越的生活。她们一般有以下共同特点：

第一，浪漫，超浪漫。浪漫到需要随时随地更换新鲜的爱情，自然也需要随时随地更换新鲜的情人。这样的女人即使结了婚也难逃离婚的厄运，与其如此，还不如干脆不结，大可以花天酒地无人约束。看着周围频频上演的离婚复婚戏，真庆幸自己独身。否则整天光顾着闹心了，哪儿还有工夫浪漫呢？

第二，不浪漫，超不浪漫。不浪漫到爱情见了她也发憷，男人看到她就后退。这样的女人想要嫁人真的挺难。不论恋爱还是婚姻，都是需要两个人配合的事情。他那厢热火朝天折腾忙，你这边无动于衷冷冰霜，坦白说，就算你想嫁，也没谁敢娶！

第三，透彻，超透彻。透彻到看破红尘。这样的女人聪明，聪明到令男人绝望发指！可怕！智慧的人是个喜剧，过于智慧的人是个悲剧！当一切都透彻到了然时，这日子还有什么盼头呢？结婚干什么？不如遁入佛门算了！

第四，自爱，超自爱。自爱到时时刻刻盘算结婚的风险：生孩子会有危险，会影响身材，可结婚的女人又不能不生孩子。结了婚的女人得干家务，可自己的纤纤玉手不能沾一点儿尘埃。思前想后，还是一个人单着吧，最起码，还能给别人留一个高深莫测的印象！

当然，懒得结婚的女人最好也懒得去听别人的闲言碎语，否则，还不如结婚！

结婚是女人的历程，结婚也能改变女人的性格，婚姻和女人的性格之间有很多秘密，妙趣横生。看完后，你就会忍不住会心一笑……

女人的婚姻秘密

如果不出意外，一个人的一生有四分之三的时间是在婚姻生活中度过的。尤其对女人而言，为人妻是第一身份，其次才是为人女、为人母。

婚姻关系着女人一生。自然地，是否结婚，以及结婚次数的多少，都可以成为分析一个女人性格的要素。

一辈子只结一次婚的女人当然占绝大部分，这部分女人有共同的特点：不知足。对任何事都幻想着有更好的结局，对待婚姻亦是如此。即便老公才貌双全温柔体贴，无人之际也难免会生出遐思无限：如果当初没有选择他，会不会有更好的男人……典型的饱汉不知饿汉饥！太平顺的生活会让女人感到乏味，同时又想入非非。一辈子只有一次婚姻的女人大多是天才幻想家，因为“顺利”的另一层含义往往是“无趣”！

一辈子结过两次婚的女人喜欢比较：第一个比第二个怎么样？第二个比第一个又怎么样？比较来比较去，自然患得患失。如果第二个强过第一个还好，如果不如第一个，那她心里这辈子都会有个疙瘩解不开，性格就会越来越极端。

结过两次以上婚的女人在中国就少之又少了。这类女人一般都豁达，日子过到了这个地步，没什么想不开的。男人，除了皮相，其实都一样。若不是为了找个人搭伙过日子，男人有没有都那么回事儿！曾经沧海啊！

另外还有一类是从来没有结过婚的女人，中国人叫“老姑娘”，这类人少，但不是没有。她们的最大特点不是嫁不出去，而是不需要婚姻，没有老公照样过得挺好！以女强人为主，有亲密男友，但永远是事业第一。对这样的女人，惯常玩弄女人的男人不可大意：没准儿最后被玩弄的是你！“老姑娘”往往是成了精的女人！厉害！

爱情可以让女人陷入迷狂，但年龄会迅速让一个女人清醒。面对一个比自己年轻的男人，女人心里总会有些许遗憾。

藏起最不自信的禁区

有男性读者来信诉说苦闷：爱上了年长十岁的女人，自己想要冲破世俗和她修成正果，却得不到对方的鼓励和回应。面对爱，男人可以放胆去追，女人为何却没胆接受呢？

人之常情。平凡女人，任谁都没有勇气把自己交给一个小十岁的男人。

人都会说：爱情可以创造奇迹。

生活却很难把爱情的奇迹延续下来。尤其是年龄，是男人女人对待恋爱态度不同的关键点！

看过这样一则笑话：

一个男人跟一个女人谈论各自的年龄。男人很年轻，仅仅二十岁，女人却已经四十岁。得知女人的年龄，男人惊呼：天哪！等到我四十岁的时候，你已经八十岁了！

原本错误的逻辑，却对女人的软肋歪打正着！不论在男人眼里还是女人眼里，六十岁的女人和八十岁的女人根本没有区别！一样都是老女人，不必仔细区分谁比谁更老一点儿！

曾经有人说，如果从生理年龄来看，一个女人比一个男人大十岁，那么可以借用这样的计龄方式：这个男人十岁时，女人二十岁；这个男人二十岁时，这个女人四十岁；当这个男人四十岁时，这个女人八十岁……

原因无他，对一个女人而言，三十岁和四十岁没有区别，四十岁和五十岁没有区别，五十岁和六十岁也没有区别……都是一样的青春不再！

当一个女人小心翼翼地藏起自己的年龄，把这称为“秘密”的时候，通过这句话，便可以猜想到她曾经的沧海……秘密，永远代表女人最不自信的禁区，尤其在年龄问题上！

很多女人，总是在迷迷糊糊中接受了一份迷迷糊糊的爱。当然，不是女人天性如此，而是男人讲了让女人不得不迷糊的致命情话……

女人都爱甜蜜情话

“如果他对你不好，一定回来找我，我会一直等你……”

女人就是这样的幻想派动物，宁愿她负天下男人，莫让天下男人负她。如果哪个男人想挽留已有新欢的女友，不妨对她说出这句话。因为，这是你最后的机会了，一个女人面对这句话还不动心，那说明你们的爱情果真没救了。

“她怎么能跟你比？她比你差得太远了！”

当男友说起自己的前女友，每个女人都希望能听到这样的话。即使那个前女友貌美如花、风情万种、善解人意也不能照实讲，照实讲了，没准儿这一个也会成为前女友了！

“我从来没有见过比你更迷人的女人。”

也许她不漂亮，但没准儿有气质，也许没气质，但没准儿身材还不错……反正不论怎样，只要说一个女人十分迷人，她总会喜笑颜开的。

“不知哪个幸运的男人能够娶到你。”

一个男人想要追求一个女孩子的时候，说出这句话是十分高明的，因为90%以上的女人在听到这句话的时候，都会怦然心动，朝你默默一笑……

“能陪着你就是我的幸福。”

纵然已经陪她逛了整整一天，腿都累得打不了弯儿了，但说句这样的话，就能够让男人的付出升值不少，因为她会用加倍的爱来回报你。

“要是现在能够见到你多好啊！”

明明分开还不到一刻钟，可电话那头的女人一定会感动万分。热恋中的女人都希望和男人成为连体人，分开便是煎熬。女人都信这一套。

“嫁给我吧！”

这是一个男人对一个女人最大的肯定。不管这个女人答不答应跟他结婚，这句话都远胜过一切恭维！

本堂总结：

每个女人都有一面恋爱魔镜，清晨第一件事，是问一问：“魔镜魔镜，我是不是最美？”

女人常常如此，看自己时，看到的是风华绝代、仪态万方；看别人时，看到的是面貌粗陋、气质猥琐。

于是，女人的爱情常常不在服务区，因为，她对自己的认识有盲区！

学会爱，第一步要先学会认识自己。爱情不是“爱”的全部定义，如果不想让自己的情场遍布“死穴”，那么从今天起，请换一面镜子看自己！

睁开眼睛看自己，爱情不是无解题！

Tuesday
星期二：
在爱情魔镜中看清自己

十有八九的女人能活得明白，但十有八九的女人都爱不明白，置身情场，不管你是多剽悍的女强人，都常常有一份彷徨与无助。生活的能力与爱的能力，对女人而言，画不了等号。

事业的成功可以满足女人的虚荣心，但天黑闭灯之后，满足感渐渐落幕，不得不承认：一个女人，只有爱得成功，才是真的成功。

唯有爱，才真正能够满足女人心理上的成就感。

见多了夜深泪独流的女人，把幸福的全部希望寄托在一个名叫“男人”的人身上。最终，他离开了，她一无所有了。

是女人没爱明白：把全部赌注压给一边，十有八九会输得惨不忍睹！

女人要觉醒，要做自己爱的主人。你可以输给男人，可以输给女人，但一定不可以输给自己。刚上场便压低了气焰，做情场上的二等公民，这样的女人，一定得不到最终想要的爱情。

女人觉醒课：

活得明白不如爱得明白

“漂亮”两个字涵盖了女人所有的生活理想：脸蛋，要长得漂亮；日子，要过得漂亮；在外交际要说漂亮话；在家会友要端出两盘漂亮菜……女人的里里外外，都希望光鲜照人！当然，漂亮的女人未必处处都漂亮，不漂亮的女人也未必处处都不漂亮。毕竟，这个年代，对于女人而言——

长得漂亮是优势，活得漂亮是本事

女人，总有点儿烦心的事。

所有女人都有的烦心事是：为相貌发愁。

都说女人自恋，实际上女人也都自卑，即便美得不像话的女人，也会觉得自己依旧欠缺点儿什么。

大概每个女人都有过这样的经历，对着镜子自言自语：“我要是有赫本的眼睛、泰勒的红唇、曼玉的锁骨、舒淇的腰身……那该多好！”

在相貌问题上，女人永远不会满足。

有意思的是：越是美女活得越不自在，反倒是那些样貌普通的女人能够一天比一天滋润。

这就是上帝的公平：给予每个人的都是一点点，也许是美貌，也许是智慧，也许是口才，也许是胆量……说到底，就是要你凭着这一点点，去博取整个人生的精彩！

很多女人把自己的不成功统统归结于相貌问题：

“如果我很美，我可以进军影视界，可以当影后，可以灿烂夺目！”

“如果我很美，我可以遇上优秀的男人，可以嫁入名门，可以前呼后拥！”

“如果我很美，我可以破格进入名企，可以成为美女主管，可以年少得志！”

但是你要知道：

能当影后的女人未必个个都是美人坯，相貌平平的大有人在。

遇上优秀男人的女人很多，但能抓住的未必都是美人。

不是美女一样可以进名企做主管，少年得志拼的可不是相貌。

看完了这一切，你要读懂一句话：长得漂亮是优势，活得漂亮是本事。

如果你不懂得这样的道理，那就永远活得不强势！

女人永远不会对衣服丧失兴趣。这是个真理。

虽然是现代社会，但依旧有男人视女人如衣服，但是，女人要懂得，衣服和衣服也是有不同的。

宁穿旧衣服，别做旧女人

女人对衣服有天生的占有欲，如果没有女人，那世上90%的服装企业都该关门歇业了。

一个女人，在换季时，如果没有新装上身，那简直抬不起头来。

新衣服，好衣服，名牌衣服……永远是女人一个重要的努力方向。

不论什么时代，男人戏谑间，依然爱把女人比喻成衣服。

说这话的同时，再普通的男人也有种变成花花公子的错觉，是男人都不愿做个踏实的好男人。坏，是一个男人的魅力，也是一个男人的面子。

女人如衣服，有些男人，脱衣服快，穿衣服快，换衣服更快。

“坏”男人的身边，时常有过时的“衣服”，弃如敝履。

这些“衣服”会哭，会难过：“凭什么他丢下我去找她，她比我强在哪儿啊？”

嘘！不要这样说。衣服和衣服也是不同的。有的衣服可以几万元，有的衣服只能区区几十元，就是差在了素质上，这是女人与女人间智慧的差别。

女人，不要只是一季季地忙着添置新衣，不提高自身品牌的价值，永远卖不出好的价钱！

女人说："怎么办？这一季又穿旧衣服了！丢脸死了！"

是女人不明了：

一件旧衣服，不过是些许的丢脸。

一个旧女人，你就输掉整个人生的精彩！

要我说：宁穿旧衣服，别做旧女人。

女人，永远都要强一点儿。

同时，女人也要明白："强心态"不等于"强姿态"。

想做一个受欢迎的女人，请一定记住——

不做女强人，要做强女人

女强人，一个听起来令人生敬又生畏的名字。任你是谁，听到这三个字，脑海里立马浮现出一个身穿蓝灰套装、盘着发髻、不苟言笑、张口对着下属一顿痛骂的冷女人形象！

这是众多女强人的人前形象。

不过，女强人也有柔弱时，只是你看不到而已。偶尔夜深人静，她们独自垂泪："唉，为何温馨的情感总是离我那么远？难道，是我还不够优秀？"

不是的。落单是因为她太优秀，落单也是因为她不懂得隐藏自己的优秀！

女人，愿意输给一个男人，是一种爱，更是一种自我保护。你把针尖对准了外人，对方自然只能以利器来对抗！

作为一个女人，最大的悲剧在于：她不需要男人来保护！因为这样她丧失了很多恋爱的机会，毕竟，男人，尤其是优秀男人，依旧会更钟情于柔情万种的女人！

作为一个女人更大的悲剧是：她不仅不需要男人的保护，甚至还有一大批男人需要她的保护！这样的女人算得上强人中的强人，可敬但不可爱。如果不是把她当成"饭碗"，没有男人不选择退避三舍！

职场上的女强人受人肯定，婚恋场上的女强人受人冷遇。作为一个职业女性，如果不懂得适时地释放自己的脉脉娇羞，那离成功的婚恋结果还很遥远！

提倡女人要自强，但做女人要做强女人，而非女强人。

同样的三个字，排序不同，蕴涵的意思自然也不同。

女强人有干练的工作作风，有令男人胆寒的业务手段，有巾帼不让须眉的胆识谋略。

强女人有明确的生活态度，有足够自立的生活能力，对婚姻、对异性有着游刃有余的聪明智慧。作为女人，女强人不是人人做得，游历社会要有强悍的作风和能力。但强女人人人做得，只要你有一颗足够强势的心！

女强人希望全世界都以她为荣，但强女人只需要让自己最爱的那个男人以她为荣。自强但不争强，是一个女人获得幸福的基本元素。

女人，时时要记住：不做女强人，要做强女人！

"懒人主义"的风潮已经深入寻常百姓家，自家女儿自家疼，但疼来疼去疼出了问题，因为女人弄错了一个概念——

傻人未必有傻福

"傻人有傻福"是句老话，而且是句被老百姓广泛引用并且坚决笃信的名言，且被引申成了"笨人有笨福"、"懒人有懒福"、"衰人有衰福"等多个版本，并在生活中被广泛地转载应用：

张家的女儿懒于做家务，生怕沾一点儿油灰。父母自嘲："没关系，懒人有懒福，我女儿嫁人后请个保姆来伺候！"

王家的女儿一天到晚迷糊，学啥啥不会。父母依然乐观："那有啥？傻人有傻福，电视剧里那些女白领哪个不是呆呆笨笨的？"

……

于是，没有父母不对自己的女儿抱以最高级别的梦想。即便平庸，也似乎是种冥冥中的福祉。任何家有娇女的父母在女儿婚前，都始终坚信：我家女儿最抢手！

梦想当然仅仅延续到女孩儿进入结婚礼堂的那一刻，婚姻来了，所有真相顷刻间大白于天下。

曾经十指不沾阳春水的张家小姐依旧贯彻"懒人方针"，结果小日子过得一团糟，没出蜜月，小两口就为家务活闹离婚！

曾经呆呆笨笨的王家小姐大学毕业进了公司，不到两周就被炒鱿鱼。主管气得要死："挺大的姑娘不懂一点儿人情世故！做事情不专心不积极，迷迷糊糊混日子，把公司当福利院啦！"

瞧瞧吧，懒人未必有懒福，傻人未必有傻福！

现如今的女孩儿多是独生娇女，不事劳动，不善家务，且对家务不屑一顾，因为在她们看来，傻人自有傻福气。自己不擅家务，日后找个擅长家务的老公即可。

逻辑问题在年轻人的心中总是很简单，但是女人，你为何对男人那么有信心，认为他们绝对能搞定一个家的吃喝拉撒？

曾经听到过两个年轻女人的对话：

一个说："唉，我老公总是嫌我这嫌我那的。嫌我不会做饭，嫌我不擅打扫，嫌我样样家务都做不来！"

另一个说："天哪！这个男人是不是完美主义？！他对你的要求是不是太苛刻了！"

……

听得人惊心动魄！一个男人要求老婆会做基本的家务，竟然是要求苛刻！姐们儿，难道你把男人当成冤大头了吗？！

中国的父母，一味地教导孩子"琴棋书画"，以为这是素质教育，很少有父母教导孩子"过日子"的本领。于是，擅琴棋、懂书画的高尚淑女越来越多，会洗衣、会做饭的平凡女人越来越少。但现实是：淑女也要吃饭，结婚后，难保不会为一日三餐的生产过程发愁！

按照这个思路发展下去，再过十年二十年，也许最抢手的女人不再是多才多艺的淑女，而是那些会做家务的平凡女。

素质不单单是才艺，生活的素质是女人不可或缺的能力！

这世上没有不愿结婚的女人，只有没找到适合结婚的男人的女人。

只要你明白这个道理，就能够读懂——

女人的结婚难题

这个世上，不愿结婚的女人越来越多。

“看透了！”

“想开了！”

“结婚有什么意思？”

“不需要男人，一个人也能过得很好！”

面对婚姻，无数女人有一副看破红尘的面孔。这副面孔之下，多是一颗寂寞的心。

别的女人嫁得好夫婿、日日蜜甜的姿态，她不是不羡慕，只是不敢说羡慕。

别的女人上班下班、老公恩爱不离口的表情，她不是不嫉妒，只是不敢表现出嫉妒。

别的女人幸福的家，别的女人体贴的老公，别的女人可爱的儿女……一切一切，她也渴望，但是不敢奢望，因为，一个没有婚姻的女人羡慕别人的婚姻，会显得很“三八”！

唉，谁让她没有遇上一个可以结婚的好男人！

没有女人对婚姻绝望，只是对男人绝望。不愿结婚，只不过是没遇上好男人。

虽然电视里日日上演浪漫言情剧，但生活中没有言情可言。

总能遇上这样的老爹老妈，见人就诉苦："儿子女儿念书时就谈恋爱，那时候打着骂着才让他们分开。可现如今，老大不小该结婚了，反倒找不到能结婚的对象了！什么道理！"

圈子，一直是困扰无数适婚男女的问题。很多人会以为：离开学校，人的交友圈子会扩大，实际上，离开学校，人的交友圈子反而缩小了。

多年前的说法是：如果在大学时就确定下恋爱的对象，那么走上社会，你会对自己的选择感到后悔，因为会错失很多精彩。

但现实截然相反，如今悲观的人会说：如果在大学时没有搞定一个对象，也许你这辈子就要光棍到底了！

如何遇上一个好男人，是女人心里一辈子都解不开的症结。

太多的欺瞒哄骗，太多的尔虞我诈，太多的口是心非，如何能在谎言的世界里遇上一个真实的好男人，这的确是个难题！

没有女人不渴望婚姻，但凡能逼得一个女人说“我不需要婚姻”，足见她的内心有多么绝望！

没办法，谁让现实没有想象中的那么精彩！

发财致富的方法有很多种，但女人发财致富最爱用的一种方法永远是“嫁人”。没办法，谁让女人从小就掉入了——

“嫁人致富”的教育陷阱

曾有这样的统计：在美国，每一百个亿万富豪之中，只有一名是女性。

这是美国，来到中国，百分比恐怕更低。不过没关系，作为女人，根本不关心一百个亿万富豪中仅有的那一名女性是高是矮是胖是瘦，女人更关心的是：“另外的那九十九个男人，能不能弄到他们的联系方式？”

这就是女人的思维。

钱是男人的产业，有钱男人是女人的产业。

女人可以对金融、股票、地产投以兴趣和热情，多半是因为她身边冒出了一个做这方面工作的男人。

女人感兴趣的是钱，更感兴趣的是男人，最最感兴趣的是有钱的男人！

常常对身边一些聪明伶俐却胸无大志的女人有恨铁不成钢的感觉：原本是做事业的好苗子，可偏偏甘于平凡，愿意在一个男人身上套牢自己！

这些女人嘻嘻笑着，不反驳，也不争辩，也许在她们心里，从来没有动过做“强女人”的念头，所以才笑得这般胸无城府！

聪明伶俐的女人，往往栽倒在“有钱男人”的惯性思维中。

从小时候开始，就总能听到身边那些成年阿姨的戏谑：“小丫头快点儿长大，长大了嫁个有钱的老公！”

中国女性的婚姻教育就是从这里起步的。

越来越多的女人掉进了“嫁人致富”的陷阱，似乎，一个男人成了解决所有生活问题的良方。

终于明白：为什么那么多女人在婚姻问题上输得那么惨？

只因，她们高估了男人的用途。

干得好还是嫁得好?

事业重要还是婚姻重要?

女人日日在做这道辩证题。有点儿可笑，为什么女人永远不明白这个道理——

干得好才能嫁得好

要干得好还是要嫁得好?

几乎每个女人都参与过这样的讨论。当然，绝大多数女人会投“嫁”一票，驰骋江湖不如归隐田园。而且，在外厮杀未必会有好的结局，说不定到最后遍体鳞伤也一事无成，真不如找个好老公嫁了，安享一世清闲。

这样的想法真是妙，可往往行不通。不信看看社会中，那些嫁得好的女人都是何许人也！不得不迎头一盆冷水浇给你：这个世界上，干得好才能嫁得好！

灰姑娘的故事最是令人沉醉，原因就在于灰姑娘不费吹灰之力就遇到了王子，然后顺理成章地变成了公主和王妃。但你不要忘了，这一切皆因灰姑娘有个神仙教母，可以把南瓜变成马车、老鼠变管家。如果你也有个神通广大能通天入地的亲戚，那也有成为“公主”的可能性。

但大多数女人都是这世上一个普通小妞，姿色不出众，能力不优秀，关系不到位……如此来看，你遇到王子的可能性低得足以令人绝望!

认清了现实，普通小妞想要嫁得金龟婿，唯有一条出路：努力干活，干出成绩当嫁妆！

周围不是没有这样的例子，从偏远山区走出来的农村女孩儿，通过自身的努力变成了内外兼修的白领佳人，在外纵横驰骋无人敢小觑。这时候，她的身价真正提升了，也才会有同等层次的异性向她抛来爱的橄榄枝。

在婚姻恋爱的问题上，男人女人都是一样，都有“门当户对”的现实心态。“他（她）配不配得上我？”这是每个人在面对异性密友时，都会想到的问题。

那些看多了偶像剧的年轻女人，不要总幻想着电视剧里的桥段：一个相貌、能力、背景、学历统统不出众的女孩子却成了成功男人竞相追逐的对象，并且人人对她死心塌地、忠贞不渝。

这样的故事根本不可能发生！

要干得好还是要嫁得好？

坦白地说，这是道关联题，而非一道选择题。

女人的爱最希望带有“赌”的意味，因为女人的爱喜欢走悬疑路线，太直白地接近真相，没有意思。但是，悬疑揭晓的一瞬间，庄家往往露出了失望，无一例外——

赌“爱”的女人遇不上和氏璧

“我配不上你，你应该找一个更好的男人做伴侣……”

“我不在乎，我愿意跟你一起吃苦，一起努力，一起创造幸福……”

生活中随处可见此般的男女对话，尤其是天真女子面对落魄书生的时候。

豪言壮语越来越成了恋爱中的一部分，只不过，曾经是男人对女人说，现在换成女人对男人说。

女人总有着超乎寻常的自信心，认为自己是伯乐，能发现别人发现不了的千里马。

古玩界流行“赌石”，地下赌徒偷偷“赌球”，朋友之间偶尔“赌酒”，女人莫不喜欢“赌爱”。——人人都有一颗好赌的心，只因为，开盘的那一瞬间，惊心动魄。

实际情况却很不乐观。

当一个男人对你说自己配不上你的时候，千万不要简单地把这当成一句自谦的美言，大多数时候，现实情况正如他所言！

在爱情里，双方是需要一些条件对等的，否则你会发现，这场恋爱谈起来很累人。

不要轻易地对一个男人说："我愿意跟着你吃苦受罪，没车没房没票子都不要紧，我要的是你这个人。"很多时候，说出这番话的人往往都坚持不到最后！

女人评价男人，最初希望他为了爱情抛弃一切，包括事业；而后则是希望爱情、事业能够两全；最后则是希望男人宁愿没有爱情，也要有事业。

别轻易说这辈子非要和哪个男人"一起努力"的话，因为现实证明：大多数人在大多数时候，努力了，也未必有结果！

开盘了，石中无玉，是多数情况。

和氏璧，不是人人碰得上！

这才是人生，寻常人不得不面对的寻常人生！

爱不需要偏执，赌"爱"的女人，大都折了本钱！

人可以忘记最美味的食物，但永远忘不掉最伤神的爱情。只因为，爱也是一种毒物，唯有毒性制造出的痛苦，才能让你记一辈子。

真正的爱要有毒性

女人对美总比男人要敏感，包括对美女。

当年胡同里最漂亮的女孩儿常爱穿一条粉底白花裙，高中时的校花走路时下巴永远上扬十五度，办公室里的大众情人一天必然换一套裙装……时隔多年，甚至当年自己追求过的女孩也在男人的记忆中变得模糊，但旁观的女人心里，她们永远清晰地留在那里，永不退色！

因为，女人比男人更关注美女。

米兰·昆德拉说：女人不找英俊的男人，而找那些与漂亮女人在一起的男人。

有美女相伴是一种身价，是考量一个男人魅力高低的标尺。

对于男人而言，被一位百媚千娇的美人邀进香闺，那种成就感绝对胜过被五百强的企业请进办公室，后者代表后天的努力，而前者则是先天的魅力。

所以，花花公子永远不会丧失市场，哪怕一亿个女人上过他的当、伤过自己的心，第一亿零一个女人依然摩拳擦掌、跃跃欲试。

异性的魅力，如果不带有伤人的毒性，就不会令人迷狂了。

于是，这世上常有男人女人在“情”字上吃亏。但多年后，他（她）会说：那是我关于青春年少时的美丽回忆……

真正的爱，必然要带点儿毒性，唯此，才会让人记得长久……

对他人的慈悲，也是对自己的慈悲。女人，在你出手伤害对方之前，想想，也许若干年后，你会和她站在同一个位置上……

学会一种慈悲

依旧谈谈“小三”的问题。

一个年轻女人插足别人的婚姻，本身不是什么值得歌颂的事儿，这一点，连她自己也心知肚明。同时，这个青春正好的女人，也并不认为自己有多卑鄙，相反，她把这个当成是一项英雄主义的行为——是把一个深受不幸婚姻所害的男人解救出来。

小女人往往讥笑老女人：“又老又丑，没身材没脸蛋没气质，一年到头身上都是一股油烟味，除了攒钱不会干别的，一件衣服可以穿五年……”

一字一句，把对方贬到了尘埃的最底层。

引得旁人无限感慨：“女人啊，只有在对待情敌的时候，才会如此刻薄无情。”

但这话她们听了肯定不会乐意：“情敌？她也配？！”

在你的眼里，她的确不配。

你的美她的丑，你的潇洒她的拘束，你的精致她的粗俗……每一样都是无法对等的比较。

但是，你大概没有想过：她也有过你的今天，曾经的她未必不如你。

对她们慈悲，也是一种对自己的慈悲。

二十年前，她未必不如你。

二十年后，你也未必强过她。

慈悲是好东西，但并非时时刻刻都是好东西。
这世界上总有些好心办坏事的男男女女，他（她）不是坏，
却只让你记住了他（她）的坏……

慈悲也要用对地方

中国人有个著名的恋爱观：男追女隔座山，女追男隔层纱。

这表达了一种观点：在恋爱当中，男人比女人更容易心软，经不起女人爱的攻势。

这种慈悲未必全是好事，心软有时恰是一种不负责任的表现——你不愿跟她恋爱，是对她的打击；可跟她恋爱了又不爱她，则是对她的侮辱。将来有一天，你提出分手，原因是始终无法爱上她，可以想象，她会加倍地怨恨你。

心软不是慈悲，而是伤害。

唐三藏有一颗豆腐做的心，时时处处经不起妖精们的“楚楚可怜”，于是给自己和徒弟们带来了一串又一串的麻烦！

不论男人女人，慈悲都要用对地方，否则便是毒药。

如果觉得自己很难爱上她（他），那干脆早点儿明讲，越晚造成的伤害越大。“分手”二字总是很难启齿，但将就下去，则会有更多的痛苦和难堪。

男人女人，皆是如此——慈悲，不能用错了地方。

如果你把男人当成命运，那么命运会开你的玩笑；如果你把男人当成生命，那么生命会给你制造麻烦。但是，如果你仅仅把男人当成一次运气，那么，你会豁达很多："运气而已，没什么大不了的！"

女人，一定要记住——

男人不是女人的命运

见识了太多因为婚姻恋爱不如意而寻死觅活的女人之后，有个有趣的发现：虽然失恋给男人女人的打击是相同的，但表现完全不同。

"我的运气怎么这么背？遇到这样的女人！"这是失恋男人会说的话。

"我的命怎么这么苦？老天一点儿都不眷顾我！"这是失恋女人会说的话。

很有意思，男人把婚姻恋爱中的不顺心归结为运气问题，只是偶尔倒霉罢了！女人却爱把这看成是命运，一次失败就划归到了宿命的范畴！

所以，女人经常会有不理智的行为。

恋爱时，为了男友的满足可以折磨自己的身体；结婚后，为家庭、为丈夫可以牺牲自己的事业；丈夫有了外遇要寻死觅活；离婚闹上了法庭，还要垂死挣扎。

为什么？女人天生爱犯贱？

不是。因为在女人眼里，男人是命运！

男人把女人看做运气，女人把男人当成命运。

放在天平上称量，确实是不等重的，于是有了“痴心女子负心汉”的说法。

其实，不是男人不重情义，是比女人看得开。

人生不如意十之八九，如果件件都是命运，那人这一辈子实在是太举步维艰了，谁还有勇气跑完全程？

恋爱也好，婚姻也罢，靠的是运气。好人品的男人不一定好相处，好相处的男人不一定好帅气，好帅气的男人不一定好有钱，好有钱的男人不一定好疼你。

遇到什么样的男人只是运气问题，跟命运无关。

“美女风流是天经地义，丑女风流是妖人作怪！”
曾经，社会是这样的态度。所以很多相貌平平的女人把自己缩进了龟壳，与浪漫与风情绝缘……当然，这些老掉牙的观点早该丢进古墓里了，21世纪最流行的风流主义告诉你——

风流不是美女的专利

时常有女人感慨：“这世道到底怎么了？男人喜欢美女

是吧？可怎么那些妖精一般的女人，都是些相貌再普通不过的人呢？”

感到纳闷的不是少数。

就如同戴安娜，够漂亮吧？生生让个比她老、比她丑的女人抢走了老公。

这种事情，想破脑袋都想不明白。

虽然想不明白，但女人仍然明白了一个道理：风流不是美女的专利。不是只有如玛丽莲·梦露一般的绝代佳人才有资本玩转爱情和男人，相貌普通的女人一样可以！

与美女相比，相貌寻常的女人更显得亲切，不像美女那么高傲和挑剔，男人在她们面前会感觉更加舒服自在。再也用不着一天到晚提心吊胆：“我什么时候会失恋？她什么时候会把我甩掉？”

美女们注重形象，一餐饭也得吃出身材、挑肥拣瘦。可相貌寻常的女人不太在意这些，胡吃海塞也是一种乐趣！

于是，越来越多的男人从美女的怀抱中挣脱出来，投入了一个个相貌普通的“女妖精”的温柔乡里。自此，美女们越来越成了顾影自怜的幽怨女子，换得了同情，换不来爱情。

选个美女做老婆，是种体面；选个普通女人做老婆，则是舒坦。

不怕人偷，不怕人抢，活得自在，挺踏实！

女人要尽快明白这个道理，活得随意点儿，舒服才是硬道理！

错误的时间遇到错误的人，女人会想：无所谓。
正确的时间遇到错误的人，女人会想：真倒霉。
错误的时间遇到正确的人，女人会想：……
惘然，全是惘然……
不过，惘然过后，爱会教给你一个道理——

爱情不是女人的真理

张爱玲的《十八春》里，曼桢和世钧的一段情纠缠了十八年，耿耿于怀，也许正是原本该在一起的没能走到一起的缘故。

很多男女不忍心去读，害怕从中看到自己的惶然错失，即便多年以后，仍留下一个大大的死结拴在心里：初恋，原本该有结果的，为何偏偏错过？

生命的刻毒在于：从来不给予再一次的机会。

可实话实说，即便再给你一次机会，该错过的终究还是要错过。

初恋虽然刻骨铭心，但往往结不出果实。皆因初恋时人人都在往前看，总觉得下一个应该会比这个好，当一个个地经历过之后，人却渐渐失望，开始往后看，蓦然发现：原来最好的那个出现在最初自己好高骛远的年纪。

于是才有“在错误的时间遇到了正确的人”的遗憾。

每个女孩儿在初恋时都有一种不甘心，一方面不信在自己这辈子遇到的男人中他是最好的，另一方面又害怕错过了他以后遇不到更好的。

矛盾！

年轻女孩儿个个都是心比天高，不是不自知，而是年轻，她需要更多的经历。不是前方的男人吸引她，而是未知的经历在诱惑她。放弃了美好的初恋，若干年后，她也许会痛悔曾经，但没有经历过爱中的痛悔，她永远不会长大！

十八年，一个颇令人感伤又感叹的时间数字。曼桢和世钧的十八年倏忽而过，遗留下了一大堆生活琐事。

是啊，十八年都已经过去，好的不好的都已经不重要了。婚姻是个实际问题，离婚需要沉重的代价，一男一女凑在一起过日子不是只有相爱那么简单。更重要的是，十八年过去，有几人还有勇气谈爱？

不顾一切要去追爱的人注定会失去更多，爱情不是女人的真理！

分手了，不必死缠烂打，如果你舍不得，想留住彼此间那一点点温度，那么告诉你——

做恋人不如做知己

不知道从什么时候开始，男女之间最流行的关系不再是“恋人”、不再是“情人”，转而成了“蓝颜知己”、“红颜知己”——比朋友多一点儿，比恋人少一点儿。

暧昧的都市里，日日上演暧昧的情景剧。

有些男女，不是情侣，依然眉来眼去，旁人猜不透其中的虚实。

红颜的知己，蓝颜的知己，在醉梦间，半真半假地尝一点儿朱唇细细品……不是男人女人太随便，生活在都市里，人人都难免有一颗寂寞心。

但你也要知道：人人想搞暧昧，但暧昧不等于爱。

正因如此，红颜知己登上了男人心中的畅销榜。

想想也不错。对女人而言，有些男人不适合做老公，也不适合做男友，只适合维持一段暧昧不明的关系。

不要做恋人，做一对有事可以彼此商量、有爱可以彼此分享的好友其实更好。男女间一旦成了恋人，便有了很多不必要的猜疑和折磨，远没有“知己”来得洒脱。

随着阅历的增长，你会发现，这一生遇到的男人，如同吃饭一样，有的是正餐，有的只是甜点，正因如此，生活才不致单调。

有魅力的女人善于给身边所有的男人分配不同的角色，于是才会越发成为世人心目中的万人迷！

女人，夜深寂寞、心空肚空的时候，尝尝“蓝颜知己”的味道，想来也不错。

女人爱花钱，但只有极少数女人敢于大胆给自己花钱。从一个女人逛街购进的物品中，便能看出这个女人对自己的爱有多少。女人用购物的方式成全了自己花钱的快感，但值钱的物品全是买给身边这个男人的……

女人要学会用钱解放自己

男人说：女人是种自私而且自恋的动物，永远把自己摆在第一位。

女人说：我们其实无私得很，却得不到理解，郁闷！

大多数男人都不了解自己身边的女人，虽然这个女人有可能是自己同床共枕的妻子。

不想特意描画女人的伟大无私，但确实有太多女人永远会把老公摆在自己的前面。

常常见到一些女人，在买了自己心爱的物品后，会心疼，当然也是开心地心疼，她会说："又花钱了，其实也可以不买的。我决定这个月不再去吃哈根达斯了。"

这是个贤惠的女人，也是个傻女人。她给自己的爱是有额度的，一旦超支，必定要赶紧俭省，否则会良心不安。但如果是为老公添了新装，即便花再多的钱也会觉得心安理得，因为她对男人的爱是无额度、无指标的。

作为男人，是幸福的，尤其是能够拥有一位这样的太太。如果一个女人能够在你面前有这样的表示，那一定要抓住她，因为她是让你离幸福最近的人！

但对于一个女人而言，懂得消费金钱，也是一种自我解放的标志。只是，喜欢花钱的女人很多，舍得花钱的女人很少，舍得无所顾忌地给自己花钱的女人少之又少。对自己大方的女人，一定比对自己抠门儿的女人过得舒服。

女人，都渴望有个宠爱自己的男人，等他来安慰自己柔弱的心，但是，没几个女人想得到，自己要靠自己来宠爱！

做女人，要懂得宠爱自己！

失恋的女人大多有一套失败的爱情观，怨不得别人，一开始你就已经输给了自己。死缠烂打不成姻缘，不想让那个离开你的男人庆幸自己的明智选择，作为女人要懂得——

留不住男人留住风度

女人失恋时，周围的人会劝她：留不住爱情就留住尊严吧！

实际上，这句话没有多大的实用价值。在失去他时，保持自己的尊严，说得真容易，可恋爱中的女人做不到。

更多的女人会说："我宁可失去尊严，也不想失去他，失去他，我根本活不下去。什么尊严，我在他面前早就没有尊严了。我都不想活了，还要什么尊严？"

这是一个女人的爱情观。

你是不是就此认为，失去尊严、毁坏自己，就能让他回心转意、怜香惜玉了呢？

当然不可能。

女人和男人的爱情观是相同的：对一个完全让自己失去了敬意的男人（女人），是毫无爱的价值的。

如果选择在这个时候死缠烂打，除了使他更加从心里瞧不起和厌恶你之外，不会有任何额外收获。或许他还会后悔：这么无赖的女人，为什么没早点儿分手？

爱一旦消失，你的离开对他只是一种解脱，你的人间蒸发是他早已求之不得的美事。你采取何种方式发泄不满，他并不介意，重要的是不要让他再见到你！

你的挣扎，你的眼泪，你的一切一切悲恸欲绝，是你的事，无关他的痛痒。

有爱时，冷血的动物也是多情万种。

无爱时，多情种子也成冷血动物！

男人女人都是一样的，只会心甘情愿地为所爱的人付出爱！

向来不欣赏那种为了爱敢于冲破世俗抛弃一切的女孩子，如果你说为了他，你可以放弃一切，包括生命和尊严，那爱情就离背叛你不远了。

一个不把自己当回事儿的人，没人会把你当回事儿。

什么都愿意放弃的人，别人当然可以无所顾忌地抛弃你。

女人，没有原则，没有自我，便没有独特的魅力。

恋爱中的女人一定要谨记：不要轻易对男人说出“非你不嫁”的话，因为那完全有可能成为男人轻视你的证言。

敢爱敢恨的女人值得尊敬，可现实情况是——大多数女人的爱和恨是分离的，敢爱的女人不一定有敢恨的勇气，敢恨的女人又容易丧失继续爱下去的魄力。

女人感叹：在爱里，想做个勇敢的女人真是不易！

的确不易。所以，退而求其次，留不住男人，留住风度吧。留住风度，便有了重新获得爱的资本。

失恋时的崩溃，会让女人在男人心目中的最后一点儿美感也荡然无存。

与其被轻视，不如轻视他，人的生命很长，想想看，也许这一生遇到的男人中，他是好的，但一定不是最好的！

直到现在，依然有女人把“嫁人”当成是自己一生的事业。其实也没错，与其天天低三下四领着微薄的薪金去伺候一个名叫“老板”的人，不如天天花枝招展分着一半家产去对付一个名叫“老公”的人。

好老公也是女人的铁饭碗

“嫁入豪门”四个字，常常出现在各种媒体的各种版面。只要有这样的版面，女人往往不会错过，原因无他，这简单的四个字里，囊括了女人最感兴趣的元素：嫁人，豪门！

然而，这年头，嫁入真正豪门的概率比中彩票真大不了多少。但凡身边多出一个有钱有势的单身男人，一票的未婚女人都虎视眈眈、死盯不放！

当然，几乎所有女人都是不能成功的，这票女人两只眼睛只看到了钱，没看到钱之外的其他。这些“其他”，恰恰是一个婚姻的安全系统，是真正决定婚姻是否保险的关键！

对于现今大多数女性而言，豪门婚姻更多的是一种职业选择，期望从婚姻中得到未来生活的来源。说白了，她不是嫁了老公，而是傍了老板，她期望他能以丈夫的名义满足她从老板那里所能够得到的一切，甚至更多！这是现代女人对于豪门婚姻的最新注解！

然而，选择这份工作的同时，女人应该想到：既然是工作，就有被炒鱿鱼的可能性，国企职工还有下岗的风险，这世上哪有万年不坏的铁饭碗？

干得好不如嫁得好！

嫁得好不如干得好！

两者都有道理。干得好也好，嫁得好也好，只要能占一样，便是成功的人生了。毕竟，更多的女人是干没干好、嫁没嫁好。“灰姑娘变公主”的美梦谁都做过，一个有钱有势的男人是所有女孩儿死盯不放的“肥肉”，“麻雀变凤凰”是人人做梦都想的美事儿。但女人你要明白：飞上枝头的，未必都是凤凰！

这世上，灰姑娘的故事，有，但极少；更多的灰姑娘最终是变成了灰妈妈、灰奶奶，这些，才是平凡世界的平凡故事……

收入，其实是婚姻关系好坏的一个关键点。女人也认同这个道理，但在认同的基础上，作了修改：男人的收入，是婚姻关系好坏的一个关键点。

女人觉得男人天生该挣钱，女人天生该花钱，于是能花不能挣的女人越来越多。但是，女人千万不要养成这样的坏习惯，你要知道——

不会赚钱，活不精彩

很多女人绝对认为：结婚是两个人的事儿，但挣钱是一个人的事儿。老公在外挣钱，老婆在家花钱，是最理想的生活模式。

彻头彻尾的懒人思想！

很多女人不知道：男女双方收入的极度悬殊，只会加大高收入那一方的外遇指数。

生活中莫不如此，一个家里，谁是户主，谁说了算，是要靠谁挣钱多来决定的。所以很多太太发愁："老公有外遇了，管又不敢管，离又不能离，怎么办？"

为什么会有这种苦恼？

十有八九是这个女人比老公挣钱少！

"男人有钱就变坏"这句老话至少说明了一个道理：男人的花心与存款之间是有联系的。

收入的高低不仅仅是生活质量的保证，更能说明一个人在社会中的地位高低。身在高处，难免被人惦记，时间久了，管他已婚未婚！

钻石王老五不光是单身女人的婚姻理想，更是已婚男人的生活理想。单身意味着自由浪漫，日久天长，当一个男人慢慢发现身边的伴侣不再优秀不再上进，那他情愿换掉，重来一次选择。

负心的事，人人做得出，只要是为了让自己能过得更好！

维持夫妻双方感情平衡的是什么？

是钱！

所谓的爱情浪漫，是结婚前干的事儿！

事实证明：一个家庭中，当夫妻双方收入均衡时，他们的感情最稳定。因为这至少说明了一个问题：谁也不比谁差！

千万不要因为家庭而放弃事业，到头来这只会让女人越来越贬值！

不会赚钱的女人活不精彩！

总有些女人为异性伤透了心，发誓再不把爱给予男人了。在女人看来，同性的爱，虽然不伦，但起码实在，毕竟，男人可以背叛女人，但女人绝对不会伤害女人。其实，这都不过是女人自己的错觉。同性之爱，实在是女人爱自己的一点点私心。

女人何苦喜欢女人

女人喜欢男人是很正常的事情，女人喜欢女人是很有意思的事情。

为什么女人会喜欢女人？

深一点儿说，女人更能给予女人安全感，没有来自男人的强势压迫感，很轻松很自然。不论是你还是她，都是一样的人，彼此理解，不带威胁。

每个女人的第一个恋人都是女人。学生时代的第一个“闺密”不自觉地充当过恋人的角色。女孩子总认为自己的女朋友就是属于自己一个人的，上学放学课间休息，她只属于自己一个人。如果她偶尔加入了别人的游戏阵营，你会生气，会吃醋，认为那是她的背叛！

这不是简简单单的同性恋爱，是人对于爱的一种需求。所以说，女人喜欢女人是很有意思的事情——你之所以喜欢女人，正是因为你喜欢自己，想让自己拥有更多的爱，永远不受到伤害。

拥有同性恋倾向的人，大多是极度重视自我感觉的人。

当然，仅仅是女人喜欢女人，就足以遭到整个社会的冷遇了，想过正常的社会生活，就意味着女人必须喜欢男人，社会就是这么无法通融，至少中国人是这样。同性恋人在社会中其实不少，但只能生活在暗处。看不见阳光，日子会越来越无聊。

女人何苦喜欢女人？

难道是男人不再可靠，女人开始依赖女人？

真是大大的玩笑！

床，是男人女人都离不了的情爱道具。单身女人的双人床，本身已是暧昧的情爱邀约，当然，作为一个想要获得理想婚姻的女人而言，一定要记牢——

单身女人屋里别摆双人床

年纪过了二十三岁但还在单身的女人，一般都会拥有一间属于自己的独立卧室，而这个卧室里最明显又最暧昧的标志，就是一张宽大而且舒适的双人床……

单身女人闺房里的双人床对男人来说，是一种最为明显的挑逗，里面涵盖了无限的诱人风情。

试想，一个本就对你有些缠绵意味的男人来到你的卧房，看到这样舒适的双人床，自然而然会不自觉地联想到在这张床上发生的故事……而女人，想推也推不了。

很多成熟的女人总免不了这样那样的“情事”，一张双人床真的会方便很多。正是这样的“方便”造就了女人的惰性，喜欢一个男人了就干脆留宿，若是喜欢的时间一直持续着，那就索性同居，同居一段时间后觉得无聊了，那就再换人。如此轮轮换换，想从这里面找到可以结婚的对象的女人，却真的很难找到愿意和自己结婚的男人了。

没有男人会珍惜太过容易到手的甜蜜，更加不会珍视这么容易就爬上床去的女人。

同居，对于男人来说没有多大损失，失败了大不了就一切从头再来，失败的次数多了，大不了成为一个“有故事的男人”，那种欲言又止的神秘照样还能吸引一大批“后来之秀”。

但女人没有这么幸运，一个“有故事的女人”只会让自己的婚姻希望变得更加渺茫，让心爱的男人更少一份对自己的珍爱！

单身女人的卧房里就摆一张单人床，既是增加男人对你敬重的砝码，更是对自己的一种珍爱。别在泛滥的情爱世界里泛滥了自己的身体，不要让一张双人床加重了自己对于肉欲的纵容，更别把留男人过夜当做习惯动作！

女人该留一点儿矜持，那种若即若离的美感，会让爱你的男人更加钟情！

以上文字送给那些有结婚意图、想要追求幸福婚姻的女人。

如果你铁了心要打一辈子“光棍”，做一辈子风情妩媚的单身女人，那就请买一张超大号的双人床吧，最好三个人躺在上面都不嫌挤。这样，你就会成为让全世界的男人都不敢娶、但又情不自禁流口水的女人！

不信，可以试试看！

对于年轻女人而言，更重视的是自己在异性圈子里的“名气”，超高的艳遇率，数不清的情史，常换常新的男伴……年轻女人把这个称为女性的魅力。然而，在你用魅力诱惑异性的同时，其实你已经慢慢失掉了女人一样最宝贵的东西——

清白的名声是最体面的嫁妆

曾结识过一个饰品店老板娘，四十岁上下的年纪，周围人叫她宁宁。

但宁宁并不安宁，年轻时有着非凡的美丽，即使到了这个年纪，也令一干青涩小女生自叹弗如。这样一个美丽的女人，却一直没有嫁人，不是不愿意嫁，而是嫁不出去！

宁宁有个口头禅，总爱把自己以前的岁月叫做“年轻的时候”。她总说：“年轻的时候，样子长得好看，男人都愿意围着你，追着你，与他们黏在一起，那种无与伦比的尊宠感完全把自己淹没了。完全想不到会有现如今回首凄然的时候。”

年轻的宁宁只知道及时行乐，管他今夕何夕？！只知道自己是女皇，是不可一世的男人的主宰！这样的女人，你很难让她把自己踏踏实实归类到哪一种生活中去，这是一种摧残，对不起她的绝代芳华！所以，宁宁一直在“玩儿”，曾经是不想嫁人只想玩儿，所以干脆玩下去；如今是想嫁人嫁不出去，只好继续玩下去！于是，宁宁也和很多女人一样，玩掉了时间，玩坏了自己的声名！

如今的社会，不乏宁宁一般的女孩子，年轻漂亮、活泼多情，因为不急着把自己嫁出去，因为只想跟男人“玩”下去，十年、二十年……一路下来，经历不少，可回头一看，全变成了负数。当有一天突然发现自己想嫁却嫁不出去，忽而痛心——到此时才发现，女人到了后悔自己的名声的时候，什么事都不好办了。

不能说这些女孩子不够可爱、不够聪明，相反，她们太过可爱、太过聪明，有着外人难以理解的热情，这样的女人活得真实，不愿意向世俗规则低头。她们瞧不起种种繁文缛节，于是只能在多年之后慢慢地舔舐自己当初的张扬带来的遗患。很难说，究竟是这个社会的问题，还是这些女孩子自身的问题。每个人都有权利选择自己想过的生活，同时，世界也有权利选择对待每个人的态度！

一直以来，总是很喜欢那些“爱玩儿”的女孩子，因为她们活得率直，落拓不羁；同时，也规劝身边的女孩子尽量不要玩成那个样子，因为女人真正的幸福不是四十岁之前的那段青葱岁月是否快乐，而是四十岁之后是否还能一样地坦然自愉。

活在世俗社会中的人，必须得遵守世俗的游戏规则！

男人选择女人，最先关注的虽然是外貌的美丑，但能够长久抓住男人心的还得是外貌之外的那些东西。美女谁都喜欢，只有那些长得漂亮同时又名声甚佳的女人才是男人趋之若鹜的结婚对象：男人不喜欢有太多情史的女人，这是个亘古不变的真理。

好名声是女人最体面的嫁妆，胜过一切学历和财产。如果你真的准备获得幸福婚姻，那就请珍视自己的身体以及声名！

如果你以为单凭美貌就能套牢男人、锁定婚姻，那么你一定是个不懂男人的女人。因为在男人心里——

一个善解人意的女人顶得上一百个国色天香的美女

很多女人不理解：为什么天仙美女一样的自己还会遭到男友的抛弃？不是说男人好色吗？为什么很多男人“美色”当前，却宁愿选择平凡女子？

这不难理解：虽然男人好色，但并不仅仅是好“色”。

男人看女人，第一眼注意到的当然是对方的相貌，然而真正能把他的心拴住的未必是美女。对于男人而言，一个能够理解自己、关心自己的善解人意的女孩儿，顶得上一百个国色天香的美女。

虽然风月情场上的男人都是围着那些性感美女打转转，但真正能让男人倾心的，永远是那些能够和他站在同一片精神领地的女人。

于是明白了：为什么那么多事业有成的男人，家中掌舵的却是外人眼中的“黄脸婆”。只因夜深人静时，她依然有颗善解他意的心。

年轻女人，如果单单以他太太的相貌来判断自己有没有颠覆他的婚姻的可能性，实在是太过幼稚的认知。

遇到国色天香的美女，不过是一时的动心；碰上善解人意的女人，才是一世的舒心。

美妻未必是贤妻，男人比你更懂这样的道理！

美貌绝对不是爱情的保险带。

男人都明了这样的道理，女人难道还要迷糊下去吗？

总有些或好或坏的关键点成为恋爱中的转折。爱，反映出的是一种人心的敏感，如何在敏感的爱里衍生出长久，值得大家共同摸索。

爱的七个关键词

害羞：褒义词

恋爱如果没有了羞怯，那就变得像调情，女人如果没有了羞涩，那很容易被归为荡妇一类。你要明白——没有一点儿害羞，女人看起来会像风月老手，男人则更像情场浪子，这样的一对男女，不是在恋爱，而是在交易。别以为风情万种的女人就等同于风骚的女人，真实的风情万种是一种介乎女孩和女人之间的多情又纯情的姿态。令男人疯狂着迷的女人永远都是犹抱琵琶半遮面的，在恋爱中，懂得适当的害羞十分关键。

理解：褒义词

毋庸置疑，这是关键的一环，双方如果没有相互的理解，一切恋爱都得宣告破裂。分手男女说到分手原因，十有八九会归结为一条：她（他）不理解我！互相之间不了解的男女可以恩爱甜蜜，但互相之间不理解的男女只能形同陌路。所以，你明白理解的重要性了吧！

包容：褒义词

没有十全十美的人，自然也就没有十全十美的恋人。懂得包容对方的缺点，帮助他（她）克服或改正，那你就是掌握了恋爱秘籍制胜法宝的一百分恋人。

吃醋：中性词

恋爱时如果不吃醋，那说明你爱得不够深。但恋爱时若是醋劲儿过大，那就只能是劳燕分飞。吃不吃醋不是关键，能吃多少才是最重要的。女人，要做爱情里的开胃醋，而不能做爱情里的烧胃醋！

撒娇：中性词

男人喜欢会撒娇的女人，这会让他们感觉自己更像男人，更具有主动性。但一味的撒娇就成了任性，任性的女人，男人多半都唯恐避之不及。如果你非不信，那就赌一把爱情，试试看！

劈腿：贬义词

朝三暮四的男人为全天下女人所不齿，三心二意的女人同样令男人深恶痛绝。虽然女人可以振振有词：男人玩劈腿是享乐观念，女人玩劈腿往往是为了在比较中寻找一个最适合自己的对象。这就要看你的功力到底有多深了。当然，在爱情里，一旦有劈腿现象发生，百分之九十九，这场恋爱得玩儿完！

考验：贬义词

原本这应该算得上是个中性词，但现如今的恋爱，只要一跟“考验”挂上钩，多半完蛋。毕竟，要考验说明你不自信，对爱情、对自己还存在一些疑虑。于是，不断的试验最终只会证明一个结果——之前的疑虑一个个地变成了真实！还是那句话：不要考验爱情，因为爱情根本就经不起考验！

每个女人一生下来，就都会有自己作为女性的资本，这其中的某些资本会影响女人一生的成败得失。

影响女人一生的资本

出生到18岁，有一个好的家庭背景是女人首要的资本。

这世上，很多活得平凡又屡屡碰壁的女人抱怨自己没有一对好的父母，没有在自己童年时培养自己琴棋书画各项淑女技艺，致使自己“素质”没跟上，也没有尽心辅导自己的功课，致使自己没上成一流大学，自然没能遇上一流男人……

虽然这些想法未免偏激，但有个好的家庭出身的确是女人莫大的资本，在这个人人注重“身份”的年代里，好的家庭背景，是女人的第一身份！

19岁到25岁，能确立一个人生目标是女人可贵的资本。

大多数人总是活得平凡又平庸，原因就在于大家都只有生活目的，而没有生活目标。傻瓜都知道生活的目的是为了让自己过得更好，但如何让自己过得更好？你一生要为之奋斗的目标为何物？很少有人考虑过！每个人都说，我要过得幸福。但怎么才能幸福，没人想过，也没人知道！

26岁到35岁，获得一个良好的婚姻是女人幸福的资本。

结婚是女人的大事，也是年轻女人一天到晚脑子里想的事，能嫁个好男人的确是所有女人的梦想，当然，在这段人生的黄金期内，能把婚姻确立下来是大事一桩。立业、成家，缺一不可，男人女人皆是如此！

36岁到45岁，能有个良好的工作状态是女人精彩的资本。

看多了结了婚便全职在家的太太，悠闲是悠闲，只是几年过后，普遍觉得日子越过越无聊。即便不是全职太太，结了婚的女人也常常为了家庭的缘故放缓乃至放弃事业的脚步，即便受过高等教育，到了这个年龄段，女人似乎也会认为：女人就该以家庭为重，外面的活儿交给老公就好！

不想成为婚姻中的弱势人群，女人，别放弃自己事业的精彩！

46岁到55岁，能有个健康的身体是女人最大的资本。

人到中年，各项疾病会接踵而来，好多女人就是在这个年龄段被查出了癌症，化疗，吃药，一天天地数着日子往下过，在绝望中搜寻人生仅有的一点儿乐趣！曾经的所有悲欢，面对病痛都不算数了。这个年龄段的女人，想要活得好，健康是关键！

56岁到66岁，能有个好的心态是女人快乐的资本。

这个年龄的女人面临的是更年期，这是最让女人痛苦的人生阶段之一，精神上、身体上的双重折磨让女人备受煎熬。这个时期的女人最爱钻牛角尖，遇事偏往窄处想，觉得全世界都跟自己过不去，日子越过越难受！这时候，好的心态的确很重要！

66岁以后，能有好的儿女是女人欣慰的资本。

自己精心养大的儿女，这个时候终于能派上用场了，不孝顺的儿女是少数，但不懂老人心思的儿女是大多数，很多儿女即便孝敬，也孝敬不到正处。所以，老一辈儿日子过得操心：这孩子怎么就不懂老人心呢？

小的时候能碰上一对开明的父母，老的时候能碰上一个善解人意的子女，就是人生最大的满足了！

本堂总结：

每个女人都有自己的一个“公主梦”，莫不希望坐拥宠爱、尽享尊荣。所以，尘世中万千“灰姑娘”日日都在寻找属于自己的那双“水晶鞋”，为的就是吸引别人目光那一瞬间的艳惊四座！

回到现实生活中，灰姑娘的“公主梦”毕竟不那么真实，“水晶鞋”往往是最不可靠的东西。信赖“水晶鞋”的女人是可怜的“机会主义者”：上天给你机会时，你是公主；上天不给你机会时，你是女仆！

如果女人一生只为了等待上帝的安排，那么好运气永远也等不来！

不要把爱情的罗盘交到他人手上，没有人可以做你的主宰，唯有自己，可以统治一生的情与爱！

新时代的新女人要及早明白这个道理——丽装华服是为了取悦自己，女人，永远要做自己的公主！

Wednesday
星期三：
塑造一个完美自我

人，总有自然角色和社会角色的区分。女人也不例外。

人们纷纷开始说："这个时代里，女人比男人还能干！"

能干的女人是不少，但能在社会这锅大杂烩里互相融合又保留自身原味的女人，少之又少！

身边总有女人说："念书时，我拿全额奖学金，工作后，我三年连升三级，任何专业上的难题到了我这儿都不再算是难题了！但是，偏偏一遇到为人处世问题，脑袋就短路！我是本着以诚待人的态度，可我的'真'只换来了对方的'假'。这个世界上，人人都是怎么想的啊？"

人总有趋利避害之心，"真"还是"假"，都是一种社会生态潜规则，该"真"的时候要敞开心怀，该"假"的时候也要做做姿态。唯此，才算是在社会这所大学里拿到了学位！

不过，这又有问题了——什么时候应该"真"，什么时候又该"假"呢？

的确，"真"遇上"真"，可以是莫逆相惜；"假"遇上"假"，也能够敷衍笑脸；但"真"遇上"假"，只能一次又一次地当你的冤大头！

经历人情世事最倒霉的女人是：你把别人的"假"当成了"真"，别人却把你的"真"当成了"假"！

好心肠换来一盘驴肝肺！

是你的不值，也是你的愚钝！

人心各有一本账，只有看得穿人心，才能搞得定人生！

女性涉世课：

看穿人世不如看穿人心

狡兔总会三窟。

狡女懂得言败。

想赢的女人，赢不了世界

每个女人都有最薄弱的一环。

女人最薄弱的一环是——想攻占一个男人。

每每，男人会利用女人的好胜心，弄到他们想要弄到的女人。

无往不胜。

她认为是攻下了他，实则是被他攻下了。

想赢的女人，最易沦为猎物。

太想赢的女人，赢不了世界。

太想赢，容易给人以把柄。太想赢，容易让对手迅速把你看透看清楚。

如果，你想得到某样东西，要先学会退一步。

如果，你想得到某个人，该常常学着说“不”。

这世界上的每一个人，都有点儿叛逆心。对方苦苦追求的东西，总是不想令他如愿。不是人心太坏，而是，成人之美是件无聊无趣的事情。

如果，你说：这样东西，于我，可有可无。

那么接下来，很多人会争先恐后将它拱手奉上。世上的人，即便成年，也常爱孩子般的恶作剧。

好胜的女人们，一副服输的姿态，才能赢得你想要的世界。

精明的女人有个好脑子，但精明的女人未必有个好人生。抬眼望望周围，活得舒心、受人爱戴的女人莫不有点儿“傻傻的”，于是千万个伶俐女子开始愤愤不平：“世人怎么这么没脑子，就喜欢和没脑子的女人交往！”

嘘！千万不要这样讲。对女人而言——

心无城府才是最大的城府

男人喜欢把女人比做动物，似乎唯此更能表达出对于女人的疼爱之情。

喜欢气质女人的男人心中的美女是天鹅，流线型的脖颈胜过一切秀美容颜。

大男子主义的男人喜欢小猫一样的女人，只要衣食安逸可以天天围着他转。

偏好音乐美的男人喜欢听声辨人，心中的美女不是百灵就是黄鹂，如同安徒生的童话中，公主必须要有一副好嗓子，否则称不上真正的公主。

也有男人把自己不喜欢的女人称为恐龙。这种远古生物谁也没有真见到过，却如此频繁地出现在大家伙儿的日常生活中，这才是真正的童话！

当然，天鹅再美，看久了总有孤芳自赏之嫌；猫咪再乖，却总有嫌贫爱富的毛病；百灵再能唱，也不如蔡依林的MV声情并茂，当满街都是高傲的“公主”，一个憨态可掬如同企鹅般的可爱女人似乎更能受到男人和女人的双重钟爱。即便是情场浪子，也往往被那些看起来智商不是特别高、容貌不是特别艳、笑起来一副天真姿态的企鹅式女子俘获。

企鹅女人的魅力往往没有性别的界限，并不是只有男人才会为她倾倒，女人同样疼爱她到了骨子里。这也正是“她时代”里最受欢迎的女人类型。

美女艳女们大喊：不公平，她哪儿一点强过我？！

也许她的确样样不如你，但在男人眼里，她样样强过你。

女人，如果不擅长“可爱”，那所有的风华绝代就都没了意义。

而可爱的定义，不仅仅是指姿态上的，更是指心态上的。

很多事情，心里明白即可，不必样样摆到嘴边。

这是女人玩转交际的真理，也是企鹅式女人大受欢迎的秘诀。

懂得用一点点憨厚来笑对人生，男人跟她在一起会轻松开心，女人跟她在一起不再需要钩心斗角。当各式各样的整容术、美容术能把所有相貌最平庸的女人变得像天仙一样美丽时，相貌就不再是女人最大的制胜法宝。

女人要明白：人永远不喜欢那些看起来比自己精明伶俐的人，“笨”一点儿，是获得世俗支持率的最佳加分点！

放心。不是教你变傻，也不是教你学呆，而是教你用一分憨厚来掩饰做人的精明。

学会了，一定会纵游世界，大受欢迎！

现代教育的口号是：“想要什么，就要大声喊出来！”当然，不能一概而论。

比如，一个女人对一个男人说：“我要你的钱！”

那么可以肯定，十有八九她满足不了心愿。

想要什么，偏偏要表现出不稀罕的表情，有时候是“得到”的前提。

毕竟，精明女人不少，精明男人更多，当精明遇上精明，女人的愿望必然要落空。

精明不必写在脸上

曾馨莹在成为台湾首富郭台铭的太太之前，只是个普通的舞蹈教师。

在成为郭太太之前，没有人觉得她有很强的竞争力。从郭老板过往的绯闻女友来看，论性感不及刘嘉玲，论美艳不及关之琳，论优雅不及林志玲，却最终能突出重围，独占正房宝座！

外人纳闷不妨事，郭台铭有他的理由：因为她的身上闻不到钱的味道！

一语惊醒梦中人！令“不爱单车爱宝马”之流败得落花流水！

虽然，并不相信曾馨莹真的不爱钱。

这世上没有不爱钱的女人，更没有离得了钱的女人。嫁款爷、住豪宅、开名车、穿名牌……再平凡的女人也偷偷幻想过这样的场景。

若果真不爱钱，自然会有比郭台铭更年轻、更合适的对象等着她。但爱钱的女人不把钱字写到脸上，这是女人的高境界！

综观那些失败的女人，不是因为她们不够聪明，不是因为她们不够漂亮，恰巧是因为一张脸上写了一个大大的“钱”字！钻石王老五的爱情总是格外艰难，因为太有钱，便也太害怕女人仅仅因为钱而爱上他！这样的一张脸，不论何种男人，都一见胆寒！

女人的精明，不必写到脸上，放在心里就好。

然而，女人总是不懂这样的道理，总把人生目标定得太明确，从心里到脸上，一丝不落！

于是乎，她们总是遇不到梦想中的“优质男”！

这个时代里，越是争强好胜的女人越有一种普遍心态，总觉得男人应该是自己的“人生阶梯”：用以登高攀岩，实现自己的人生目标。

女人认为，这是最清醒、最不容易受到伤害的情爱心理。

实际上，大错特错。

真正到现实中看一看，但凡那些把男人当“梯子”的女人，莫不被男人当成“玩具”：有钱男人的智商原来不像你想象中的那么差。你的算计换来了他的一颗假心，几番交手过后，最终还是女人输在了结局！

不是女人的手腕不够高段，只是因为男人不傻，不会愿意对一个“没诚意”的女人认真！

此类自认为看穿了世事的女人，实则根本不了解世事！

把“钱”字写在脸上的女人，把底牌彻底亮给了对方，自此，没有可以翻盘的资本！

不要以为做个物质女人就能够获得男人的物质，实际上，真能获得男人大笔物质的女人，大都是那些在男人看来“无所欲无所图”的女人。

女人，一旦把“欲望”写在脸上、挂在嘴边，那就意味着男人的真心离你越来越远了！

真正能够得到有钱男人钱的女人莫不是一脸的真诚纯善，一点儿心机都藏在了心灵的最里层。你看不到她征服的欲望，只看到了她傻傻的可爱，即便极品男人也纷纷在她的脚下落马。

爱钱，但不被钱的味道所累，的确是女人的必修课！

这世上的女人，并不都是有野心就一定会成功。更多平凡生活中的平凡女人，是在跌跌撞撞中偶遇了心仪的好男人。

如果你想要抓住他，一定记住：精明，藏在心里就好，不必写在脸上！

做人不需要太多的城府，但社交需要多元的手段。“高大全”式的偶像人物早已落伍于时代，社会现实是，一味展示自身优点的人越来越难交到朋友。如果你想享受呼朋引伴的快感，那么一定记住——

用“弱点”去交朋友

常常能听到这样的对话：

“我就是这样的人，为朋友两肋插刀在所不惜，仗义！”

“我也是，宁可自己吃亏也不让朋友吃亏，朋友一起出去吃饭，十顿有七八顿都是我抢着付钱！”

这两个人一定成不了朋友。

再来听这样的对话：

“昨天老板急需的那份计划书是我不小心当成废弃文件丢进碎纸机了，可我骗老板说我压根儿没进过他的办公室，你别说，他还真信了！”

“我也是，上次客户要来谈判，我把时间搞错了。后来只能骗主任说那客户没诚意，约好的日子没有来，不然怎么办，总不能把自己供出去吧！”

这两个人有可能会成为莫逆之交。

朋友与朋友之间，玩的也是交换，交换友谊就是交换彼此的弱点。

一个人朋友的多少是和他自己缺点的多少成正比的，人们愿意接受有缺点的朋友，这才是人，不是神。

要交朋友，先要把自己的把柄交出去。

所以，世上关于朋友的称呼永远是：狐朋狗友、酒肉知己、狼狈为奸……

君子之交永远淡如清水，小人之间才有呼朋引伴的热闹。

两肋插刀的仗义话，说出来，未必交得到朋友，因为别人听来，这全是虚伪，所以好汉上梁山必要一个“投名状”，唯此才证明你是真心，也是断了你的退路。

出来混，把自己的些许“弱点”交出去，也是好汉结党的最佳“投名状”！

爱情需要门第，友谊也分阶级。

这样的话说出来，很多人不爱听。势利心谁都有，但势利话谁都不爱听。

虽然不爱听，事实依旧摆在面前，有些人始终做不了朋友，比如——

富家女和穷家女

很多人只把人划分成两类：富人和穷人。

很多男人也只把女人划分成两类：富家女和穷家女。

富人家的女儿未必可爱未必美貌，但自有她无法忽略的魅力。

穷人家的女儿也许可爱也许美貌，但她的魅力还是有待考量。

人与人之间，“贫富”二字是一道鸿沟，隔开了两个世界，也隔开了两路人心。

穷人与穷人之间或许可以友谊地久天长，但富人和富人之间，此情很难朝朝暮暮。

穷人和富人之间，很难有单纯的交情。富人和富人之间，更难有纯粹的友谊。

就如同，美女和丑女可以做朋友，美女是为了多个陪衬，丑女是为了借点儿光辉，各有各的心肠。

而美女与美女之间，就更微妙了：“她今天穿的是最新款夏装，耳环上的钻石是克拉级的，前座那个男人回头看了她五次，却只看了我三次……讨厌的女人，非要在我面前抢风头！”

即便如此，美女还是爱和美女同行，为的是光彩翻倍；富家女仍会跟富家女做朋友，因为友谊也需要阶级。

富家千金总说：“我喜欢家境寻常的女孩子，比较单纯，容易亲近！”

当然，她身边依旧是些富家女友。

小家碧玉也说：“虽然是穷人家的女儿，说老实话，我还是更喜欢同阶级的女朋友，不像富家千金，总是爱‘装’，惹人讨厌！”

所以，她身边净是些穷家女。

是穷家女没看透：既然是有钱人家的女儿，就用不着讨人喜欢了，自会有人讨她的喜欢！

分隔友谊的不仅仅是身家财势，还有年龄。
所以，不仅仅富家女和穷家女做不了朋友，某些不同年龄段的女人同样也做不了朋友，比如——

二十岁和五十岁

一个公司里，二十岁和五十岁的人往往很难和睦共处，而二十岁的女人和五十岁的女人则根本不可能和睦共处。

二十岁的女人心高气傲，一切都刚刚开始，前途充满了未知的新奇。

五十岁的女人饱经历练，一切都差不多将要结束，剩下的也净是些明了的答案。

二十岁的女人目空一切，包括对五十岁的女上司："五十岁了，才混到主任，换做我，不是总裁也是部长！"

五十岁的女人常含愤懑，包括对二十岁的女下属："才二十岁，凭什么就能和我站在同等的跑道上，不公平！"

同一家公司里，没有朋友，全是敌人，尤其二十岁和五十岁。

二十岁的女人赶上了好时代的头班车，可以少而有为。

五十岁的女人赶上了好时代的末班车，只能在年轻人中努力争一个位置。

二十岁和五十岁，比的不是谁更有优势，而是谁付出得更多。论资历不是肤浅的论经历，而是社会对一个人种种付出的奖励！

五十岁也有过二十岁的经历，二十岁也会有五十岁的一天，出来讨生活，都别心态不平衡。

二十岁的女人，大度点儿吧，谁让她已五十岁。

五十岁的女人，宽容点儿吧，谁让她才二十岁。

“没关系”、“别在意”、“走自己的路，让别人说去吧”……

只要谁遭遇了糗事，身边就一定有人能够及时送上一大堆类似的宽心话。

但是说实话，当事人往往一句也听不进去。女人，最难做到的就是“不在乎”……

学会“不在乎”

人生中有很多年过得很不舒服。挨了家长老师的批评心里难受，胸有成竹的事情做砸了心里窝囊，被别人背后讲了坏话心里不忿……那些年，那些事，总有些不如意折磨自己的一颗心。

有相似经历的人很多，千般苦、万般痛，皆因：我在乎。

不少离了婚的女人仍然见人就念叨着前夫的“坏”：不管孩子，不顾家庭，不知道疼人，交到家里的生活费越来越少，见了漂亮女人就走不动道儿……

念叨起前夫时，所有女人都有祥林嫂的特质。

其实，不是前夫的“坏”可以万年长存，而是她们“在乎”：离了婚，离不了心，挣扎着走出了婚姻，只是挣扎出了一个身子，女人的一颗心依然留在那里，等待着时间慢慢地把它扫地出门。

人世间最难做到的是：不在乎。

从此后，海阔天空不再与你相关，往昔是甜是蜜是伤是痛，全都恩断义绝，关起一扇观望顾盼的心门，告诉自己和他人：从此后，我只在乎我自己。

可惜，大多数女人学不会“不在乎”，所以生活中常有打击降临。

阮玲玉用死亡诠释了“人言可畏”的杀伤力，从此后，一人两排毒牙，成了最令女人胆寒的利器。

何必！

女人不妨脸皮厚一点儿、神经粗一点儿，飞短流长伤不了人心，只要你不在乎，照样活得自在潇洒。

女人的成功要比男人更不易。

成功了，别人会猜：她是不是走了旁门左道?

不成功，别人会说：不过是个女人罢了……

女人的成功需要更大的勇气，唯此，才能击碎周围不怀好意的丑陋心态。

女人成功的背后

曾有一个女人，三十岁前样样不成功，人人冷眼扫她，两个字推算她日后的命数：失败。

三十岁后忽然功成名就，之前所有的“失败论调”都转换了方向：“我早就说她一定行，天生富贵命。”

前后不过几年，同样的一批人，相反的两种论调，相反的两副嘴脸。

当然，你不能“怀疑”这些人的诚意，因为连他们自己也信服于自己的“铁嘴神算”。

前倨后恭，万年不换的人间表情。

所以说，一个人有没有钱，看周围人的脸就知道了。

人往往有健忘症，尤其是面对久贫乍富的身边人。倒不是真的忘了曾经的一切，而是害怕再提及曾经的一切。

面对富贵，谁都希望做个顺臣。

虽然，关起门来，他们也会不甘心：“曾经他处处不如我，不知道有了什么怪运气，能混到今天？”

成功的人，往往是那些曾经处处不如人的人。

原因无他，只因底牌太差，所以敢无所顾忌、誓死一拼！

一拼之下，往往拼出了奇迹。

于是在此之后，丑的变美了，美的变得更美了。

因美丽而成功的人很少，因成功而美丽的人比比皆是。成功后，别人会突然发现你的美。

享受着别人的赞叹，往昔的不如意全都如过眼云烟。

处处不如人，时时屋檐下，是一个人莫大的痛心处。

那个处处不如别人的人，一定不要因此灰心丧气，再坚持一下。

如果你想出这口恶气，那就成功给他们看。

要知道：身边原本不如自己的人混得比自己好，是人心中最大的痛。

女人会说："成功谁不想？关键是，我能做到吗？"

为什么做不到？你要懂得——

女人的成功需要野心

越来越多的现代女人会遇到这样的问题：事业和爱情撞车，该选择哪一项？

曾经，这样的困惑是男人的专利，现在，女人同样也为前途发愁：事业的机会幸运地降临到了自己的头上。不巧的是，与目前的爱情断守计划有冲突，怎么办？该放弃哪一边呢？

她们叹息："我怕选了其中任何一个结果，都会后悔。"

事实也是如此，工作的机会和爱的机会，选择其中任何一个，心里都会有那么一丝丝难过与失落。

但这种难过不叫后悔，而叫遗憾！

面临二选一的问题时，人总会有这样的感觉：选定了一方，却发现对另一方也是如此牵挂，于是认为自己选错了，造成了终生的损失。

其实全是错觉。人总有两全其美的想法，原本心中认定属于自己的东西突然被迫放弃，本身就是一种遗憾。但人生就是一次次的遗憾拼接成的岁月，遗憾越多，越显出女人的成熟雍容。人生没有遗憾的人往往等同于没有经历的人，人生没有遗憾的女人等同于缺乏韵味的女人。

回到之前的话题，爱情的机会和事业的机会撞了车，性情的女人选爱情，理智的女人选事业。

尤其刚走出校园不久的年轻女性，往往具有更强烈的"野心"，渴望更精彩的人生，不甘心一辈子平庸度日，只因为：选择了爱情，自己的未来大体就有了清晰的轮廓；而选择了事业的机会，自己的未来充满了未知的期待，与稳定的恋爱相比，大多数女人显然更期待这种未知的精彩！

女人，更该趁着年轻多体验一下世界的精彩。毕竟，与恋爱的机会相比，事业的机会更加难得。既然有优秀的本钱，就不要光想着保值，让自己的本钱升值才是根本！

失去一段恋爱，若干年后，只是偶尔想起时的一点点遗憾。而失去一段精彩的人生，却会是一辈子的痛事！

不论何时，有野心的女人总能成功，只因有前进的目标和动力！

很多过来人会用沧桑的语调对你说："这个世界，朋友会出卖你，男人会背叛你，唯有自己真正靠得住！"

寻一棵大树好乘凉，不如自栽自养自乘凉。

女人哪，自己强，比什么都强！

要问一个人：你想过什么样的生活？

99.9%会说出一大堆别人的生活方式，绝对不会想到要继续过自己现在过的生活。

人都是这样，过着被人羡慕的生活——

羡慕着别人的世界

活在这个世界上，每个人都觉得自己的生活不够完美。

有钱人羡慕无钱人的清白洒脱，无钱人羡慕有钱人的富贵豪奢。

娱乐明星羡慕普通人的自由自在，普通人羡慕娱乐明星的万众瞩目。

老板羡慕员工可以到点下班无牵无挂，员工羡慕老板随时掏出名片，上面写着“某某公司董事长”……

太多太多……

不一样的人群，一模一样的心思：过着自己的“被羡慕”的生活，“羡慕着”别人的生活……

于是，这世上才有了“目标”的存在，也就有了为目标奋斗的人群。

有钱人努力赚钱，等赚够了银子去过无钱人那般清白洒脱的随意日子；无钱人努力攒钱，等攒到了足够多的钱也去试一试有钱人那样的挥金如土。

明星努力接戏拼命走穴，期待退役后可以不再靠墨镜掩饰身份；平凡人报名选秀，梦想有一天过上众星捧月的明星生活。

老板天天期待公司业绩平稳走高，自己也可以做一回朝九晚五的上班族；员工努力工作挨骂受气在所不惜，就是希望有朝一日，也可以拥有和老板一样头衔的名片……

人人都有自己的一个世界，同时又都羡慕着别人的世界、别人的精彩。

只是，别人的世界里，外人只看到了精彩，而剩下的苦楚留给主人独品。

每个人都不由自主地羡慕别人：我要能像他那样生活该多好。

只是，你在考虑这个问题的同时，他也和你有着相同的想法。

虽然女人人前都说希望做个有内涵而非空有其表的女人，但私底下，美，一直是女人的终极目标！

女人都想成为漂亮女人，漂亮女人都想成为更漂亮的女人，但只有极少数被称为极漂亮女人的女人知道——

漂亮女人没有自由

从小到大，身边总有些美丽异常的女孩子。

美丽异常的女孩子往往活得不够坦然：小心翼翼面对着世界。因为那里面有羡慕，有嫉妒，有善意赞美，有恶意中伤……万般皆因她生得太美。

所以哲学家说：女人不是因为美丽而可爱，而是因为可爱而美丽。

现实一点儿说：美丽的女人往往不可爱，可爱的女人往往不美丽。

当然，这是有原因的。

美丽的女人像是架上的葡萄枝，只能往上长。她没有自由，不论别人还是她自己，始终认为她与众不同。所以，她只能与众不同地傲立着姿态，虽然这姿态不讨人喜欢。

漂亮的女孩儿是上帝送给人间的礼物，但上帝又是狡猾的，很多礼物美丽却未必实用。漂亮女孩儿爬上了葡萄架，傲立着她的姿态，外人说她自命不凡，其实她有她的可怜："我也想活得真实，我也想有三五女友可以聊聊私房，但任何女孩儿在接近我之前，总会考虑一个问题——我是不是会成为陪衬的绿叶？"

漂亮女孩儿是宠儿，但不是幸运儿。随着时间的流逝，人们会渐渐淡忘她的美。

就如同歌中所唱：从哭着嫉妒，到笑着羡慕，时间是怎样爬过了我皮肤，只有我自己最清楚……

当她不再漂亮，坐在路边的藤椅上，注视着路边偶尔走过的漂亮女孩儿，心底里会涌起许多关于美丽的回忆……

所有有女儿的母亲，都希望自己的宝贝将来成为一个“淑女”：下巴稍稍上扬十五度，笑起来只露六颗牙齿，说话办事不瘟不火……总之一句话：又高贵又优雅。

实际上，作为母亲，如果你把女儿带上了这条路，那么可以肯定，未来的日子里，你的女儿离不受欢迎越来越近了……

清高的母亲不利于女儿的成长

总有些女孩儿格外清高：永远一副冰冷淑女的模样；不与天下人交好；不买任何人的面子；见了谁都是高昂着脑袋，嘴角微微一撇，算是微笑，但对方永远来不及仔细会意……

如果细细追究，你会发现：这类清高淑女的家庭里往往有一个同样清高的母亲，母女二人如出一辙！女儿的一举一动，全是母亲的翻版！

不是没见过这样的母女，相似的面貌加相似的个性，让人一眼就能望到尽头，可以想象：女儿的人生几乎和母亲一样。

这样的母女，生活大多不会窘迫，书香的门第，优越的教育，但凡“清高”得起来的女子，至少活得不算困窘！

然而，清高的女孩儿不受欢迎，这也是真理。在“俗人”眼里，“清高”是“自以为是”的代名词！

你认为君子之交淡如清水，别人会认为你这碗清水多半加了“醋”。

你认为天佑公道不必蝇营狗苟，别人会认为你装足了姿态是“没安好心”。

你眼中的不惹俗流，成就了旁人的孤立、背后的指点。

故而，清高的女孩儿明明是想活得干净自在，却往往过得浑身别扭。

你认为清高的女孩儿可以不必在意世间纷纷扰扰，不过，她们真的做不到！人，总要在意别人眼中的自己，庸俗的女孩儿也好，清高的女孩儿也罢，都逃不出别人眼中的自己！

小时候，一位清高的母亲对我说：“我家女儿不爱交朋友，却偏偏看得上你，喜欢和你交往，纳闷……”

露骨的高傲让一个孩子也深感不自在。当然，我无权回嘴，也无须回嘴，清高的人生活在自己的世界，外人无从知晓。

清高的母亲不利于女儿的成长，除非学小龙女，去住古墓。

人常说，希望是穷人的粮食。

谁都有梦，谁都有做梦的权利。

如果没有了梦，现实就会变得很无聊。不论大人还是小孩，百姓还是富翁，都喜欢——

梦想的童话

家住东四的小茹是别人眼中的丑姑娘。可是没关系，她依旧每三十天修一次头发，每七天做一次面部护理，每一天换一套衣服，每两小时补一次妆……虽然这要花费掉她一天中十分之一的时间和一个月三分之一的工资，但是她一直在坚持，虽然并不见得因此变得美了一点儿。她心中有个童话：“女人随时随地都有可能遇到王子，如果那一刻我不够漂亮怎么办？”

一家四口还挤在两间平房里的杨大叔是个下岗待业的“无产阶级”，但是不打紧，他每天研究各种彩票，福彩、足彩、体彩……各种各样的彩，虽然从来没中过五元以上的奖值，但他依旧每天乐呵呵地铁口神算：“这期一定开这串号，你信不信吧！”当然，依旧是不中。杨大叔每个月把内退金的百分之十拿来买彩票，对这样一个家庭而言，是笔巨大的开销，但是他有他的理想：“如果这期不买，万一大奖中了我推算的号码，岂不亏大了？”

生活在没有童话的现实世界里，但人人都渴望童话的降临。

生活太灰色，缺乏了粉红的梦幻，给自己一个希望，是普通人赖以生活的全部理想！对于有钱人，有很多大事可做；对于穷人，活着就是最大的事！而活着之余，能够奢想其他，未尝不是美事一桩！

穷人比富人活得更快乐，皆因穷人的梦想更多。

活在世上，有很多没能实现的愿望，是件幸福的事，可以激励你更快乐地活下去！

站在地上，仰望星空，幻想着有朝一日能触摸到那样的高度……这是童话，但人们更愿意称它为梦想。

没有梦想，财富也变了滋味。

晚上吃了水蜜桃，是夜，也做一个王母家瑶池仙境的美梦……

正因为同性之间总有些麻烦事，女人才喜欢和男人做朋友，因为交往起来没有负担，不必有“好友变情敌”的担心。

总是这样的，一个女人如果身边有个美女朋友，那她一定是不高兴介绍老公认识的。

当然，懂得未雨绸缪的女人还算是聪明的，毕竟，省下了一场——

女人与女人的战争

有女人跑来诉苦：“女人跟女人之间到底有没有真正的友情？真是不明白，闺中密友一旦有了男朋友，一个个都跟我拉开了一定距离，有的干脆断了交往，生怕我抢了她们老公似的，我把她们当成红粉知己，她们把我当成隐形情敌！”

她遇到的问题不是个别现象，很多女人都有类似的经历。

两个女人一起聊天，一个说“我老公怎样怎样”，另一个说“我男友怎样怎样”，这是比较能够融洽相处的方式；如果变成了一个说“你老公怎样怎样”，另一个说“你男友怎样怎样”，那恐怕就离吵架断交不远了。

如同那句俗语：男人与男人之间，若经常问他的夫人，他觉得是亲热的表示；女人与女人之间，若常问到她的丈夫，她必认为是别有用心。

女人和女人之间的友情、真正的友情，只存在于男人出现之前。一旦一方有了男友，即使有无话不聊的闺中密友，这份亲密也会减半。

女人在爱情中更愿意奉献自己更多的真情。一个女人可以为一个刚认识十天的男人与相交十年的闺中密友绝交。换做男人，恐怕没有这样的勇气，女人对待男人永远有着比对方超出几十倍的认真。

人说的怨妇，不见得就比别人多多少的不如意，只是自己把自己捆得太紧了而已。

爱，让一个女人不惜伤害另一个女人来换取她祈望的安宁，只是有时你千方百计地为这个男人牺牲了那么多，回首看若是不值，该是怎样的悲怆！

但这些都还不是太紧要，先攘外再安内不迟。

这个世界里，日日可见两个女人的战争，为了同一个男人。

只是这场战争里，永远没有赢家。

很多女人坦言，最难处理的人际关系不在职业圈、不在朋友圈，而恰恰在亲友圈。尤其婆媳关系，实在是难题中的大难题！
说这话的人，八成没有搞懂——

对待公婆的情感礼仪

婆媳之间，是永恒的敌对关系。

很多女人的婚姻不幸福，究其原因，不是夫妻关系不好，恰恰是婆媳关系不好。

婆婆，实在是女人婚姻中的半壁江山！

放眼周围，三五女人凑到一堆儿，话题自然而然会扯到公公、婆婆身上。

公婆不同于老公，一个女人在外讲老公的坏话，是件没面子的事儿，老公没选好，不怨别人怨自己，所以骂老公等于骂自己。

但讲公婆的坏话心安理得。

一个如花似玉的姑娘嫁到了你们家，操心持家延续后代，本身就是委屈，再加上生活中稍有点儿不顺心，那就是委屈加委屈了。公婆成了最理想的出气筒！

但是看看周围，那些爱在老公面前唠叨公婆不是的女人，婚姻总是出问题，老公的态度越来越不耐烦，眼神越来越冷冰冰……于是女人哭闹指骂男人薄情寡义，帮着爹妈一起来欺负自己！

唉，这样的女人，早晚要丢掉男人的心。

公婆的坏话不要当着老公的面讲。

一个男人，诋毁他的父母就好比诋毁他自己，父母是一个人出身的代表，没有人能够耐着心性听完对自己出身的轻视和指责还没有反应的。

对待丈夫是一种爱，对待公婆是一种礼仪，待丈夫可以亲密无间，对公婆最好还是保留几分外人的客套。

知书达理的儿媳妇什么样？

亲近但不过分亲密。

不要以为花都是美的，也不要以为豆腐都是嫩的。
想做优秀的女人，就要先明白一个道理——

二十岁不做喇叭花，四十岁不做豆腐渣

男人眼里的完美女人，最好有花一样的容貌、豆腐一般的柔肤。

不论观感还是手感，都是上上乘的享受！

有人说，二十岁的女孩儿，不论美丑，都是一朵花，透

着水气，透着鲜嫩。

当然，二十岁可以百种姿态，但别做永不闭嘴的那一朵喇叭花，一旦有所耳闻，马上大喇叭、小喇叭传送到世界的各个角落。

于是，所有人都说：有女人的地方话多。

不论哪个年龄段的女人，一生管不好的是自己的一张樱桃口。

话多的女人其实不可爱，除了别有用心者，没人真正喜欢以话传话的女人。

也有人说，四十岁的女人，不论美丑，都是豆腐渣，透着隔夜的酸腐。

四十岁的女人，最恨被人比喻成豆腐，美丽过了气，只剩了渣滓，豆腐一样的柔肤熬过了青春，熬成了豆渣。四十岁的女人穿街过巷不再风情摇曳，她们心里都在想：反正也是隔夜豆腐了，搞不好风情变成笑料！

于是，所有人又说：四十岁的女人根本就放弃了当女人！

其实，是四十岁的女人错了。上天造一个女人，不单单是为了让世人享受她二十岁时的鲜嫩，更是让人垂慕她三十岁后的雍容。这世上，总有些女人到中年依然美得惊人，那是因为，她摆脱了豆腐变豆渣的惯性。

一个女人，年轻时活得不世故，年老时活得不泄气，就是完美的一生了。

坦诚做女孩儿，勇敢做女人，你就会是个完美女人。

本堂总结：

女人也许可以为爱而生而活，但生活在世上，女人需要面对的问题并不仅仅只有“爱”。

人与人之间的交往、欲与欲之间的挣扎、利与利之间的钩斗……永远需要你拿出最饱满的精神状态来应对！

女人不仅仅需要美貌，游走这个世界，还需要运用更多的智慧。用一颗慧心博一个大人生，让世界也向你低头称赞！

当然，前提是：你要读得懂百样的人心！

打起精神来吧，做个睿智女人，看透世事人情！

Thursday
星期四：
你在扮演何种爱情角色

距离越近，越难看清爱的真相，每对男女都避免不了这个问题。

情场，是一个很特别的磁场。一进入这块场地，男人女人不由自主地戴上了面具，藏起一颗真心，换上两张假面，爱情戏码拉开了战局。

然而，征战情场，仅仅理性地认识异性是绝对不够的，如何理性地认识爱的真相，是更进一步的爱之课题。

很多女性朋友简单地把恋爱归结为：赢得男人心。

认为有男人爱慕的女人自然就是爱情场上的魅力女人。然而瞧瞧四周，那些所谓的"万千宠爱的魅力女人"多半成了世人眼中的"交际花"，虽然备受异性青睐，但依然没有圆满的恋爱婚姻归宿。她们虽然赢得了男人，但依然失去了爱的幸福。

作为女人，要懂得一个道理：男人，不是爱的全部。赢得一个男人，不代表赢得了整个爱情的胜利。

如何全面地看待爱的真相，从而认清自己与对方之间的情爱心态，是女人获得理想之爱的重要一步。了解爱的真相，顺利走完爱的过程，值得每个女人用一生来学习。

爱只有一种，但爱的假象有千千万万。抛开千万种伪饰，教你一眼看穿爱的真面目。

爱的真相课：
赢得男人不是女人爱的全部

女人眼中的男人，不是男人的真相。

男人眼中的女人，总是女人的假象。

其实你不懂他的心

一个女人，面对男人的追求，不论是她喜欢的男人还是她不喜欢的男人，常常是会拒绝的。

女人的拒绝，是希望男人再追得久一点儿。

只可惜，女人的拒绝，男人是会当真的。

一个男人，面对女人的追求，不论是他喜欢的女人还是他不喜欢的女人，常常是不忍心拒绝的。男人的不拒绝，是希望先抱定这一个，然后张望下一个。

也可惜，男人的不拒绝，女人是会当成爱的。

让一个女人一口答应男人的追求，是伤面子的事，不够矜持，自然会跌了身价。

让一个男人一口回绝女人的爱慕，是伤里子的事，送上门的女人，理所当然是自己的福利。

女追男，女人总希望速战速决。

男追女，女人总希望越久越好。

男人追得久不久，女人看做爱得深不深的标志。

实际上，女人越不松口说“好”，男人的好胜心越强，他不是为了爱才追，只是为了追而追。这么费尽心思得来的东西，到手后，反而会觉得索然无味。

而面对被追求，有些男人，不直接答应，不直接承诺，仅仅是不拒绝……那说明，他仅仅是想享用她。

爱的世界里，男人贪心，女人贪情。

男人总想让自己占有得更多一点儿，女人总想让自己占有得更久一点儿。

这是男人女人，心最深处，对“爱”的不同注解……

一个女人，两个男人。这样的爱是最累人的爱。生活中随处可见这样的例子，女人觉得这样的爱主动权握在自己手里，但是到了最后，事实证明——

三角恋是男人间的游戏

爱可以是一个人的事。爱情只能是两个人的事。恋爱往往是三个人的事。

不是没有这样的境况。比比皆是三个人的三角恩怨：一个女人，站在中间，一左一右两个男人，各有各的多情，各有各的优秀，该挑哪一个？是个问题！

单身女子徘徊在三角恋中，已婚女人挣扎在婚外恋中，都是一样的备受情伤。然而也是一种荣耀：被两个男人抢夺，是女人的成就！

不管已婚未婚，女人莫不一样的口吻："两个男人，一样的款款深情，舍弃哪一个，都是往我的心上捅了一把刀！舍不得！"

半分苦半分甜，是女人多半迷恋这种蜜汁苦瓜的滋味。

然而，凡事总得有个了局，尤其是三个人的恋爱，做不到天长地久。经过几次挣扎，做过几次徘徊，甲男或是乙男，总有一方退出了赛场，对于女人，这该是个好消息，终于，有人替她作了选择！

有意思的事情发生在后面：三个人的恋爱变成了两个人的，不是平衡了，恰恰是崩塌了。

收到过不少婚外恋女人的来信："婚外恋人款款深情海誓山盟，恨不能一生一世厮守到老。于是，为了这盟约，我推翻了婚姻，重新洗牌，然而，可恨的是，我丢弃了老公，情人也丢弃了我，我自由了，情人也离开了……负心的男人，可恶的男人，卑劣的男人，毁掉了我幸福的男人……"

不是这个男人格外卑劣，爱情的确有时就是如此：三个人变成两个人，爱便没了味道。

这就是三个人的恋爱，人人在赌一口气，谁也不愿意输在谁的手里。这时候，男人的似水柔情是一种冲刺，为了夺取最终的胜利。

女人享受这种冲刺，以为是为了自己，实际上她做了比赛的道具——三个人的恋爱，往往是两个男人的游戏！

有气可赌的时候他爱你，无气可赌的时候他就不再需要你。

女人，不要沉浸在左拥右抱的成就感中，三个人的游戏，多有争强好胜的味道，说不准什么时候，你就成了弃妇！

男人常常有娶错妻的遗憾，女人永远有嫁错人的感叹。

其实，事实真相是，男人女人的恋爱，从一开始就走岔了路径——

输在了起点的爱情赛跑

同样的一场恋爱，女人和男人的态度是不同的：女人追求长度，男人追求速度。

凡是女人，没有人不希望把恋爱的时间拉长再拉长，明明面对喜欢的男人，偏要做出一副冰霜态：他的求爱偏不答应，他的邀约偏不应承……不光是对他的考验，更是女人的一点儿私心——她在享受，享受这种被男人追捧的感觉。

男人却不是这样的，男人总希望恋爱能够速战速决，今天对上眼，明天就拥抱接吻直奔主题，如果后天还觉得不算讨厌，干脆领个结婚证试试看。这是男人的浮躁，也是男人的果决：既然为了同样的目的，干吗不直线前进，非要曲线迂回？

所以，男人女人的恋爱总是谈不到一块儿去。

天天有人失恋，天天有人错失自己的真爱。

女人很伤心："他为何读不懂我的真心？"

男人很痛心："她为何对我如此无情？"

原本可以有结局的两个人，却在起点散场。

于是巧妇常伴拙夫，无他，只因拙夫无人可追，故而能够扎扎实实盯人盯到底！

于是巧夫多娶拙妇，也无他，只因拙妇不会自沽价高，反而容易大大方方直奔主题！

太过优秀的男女，总是不会有太过优秀的结局。每个人都自恃价高，不愿放低自己的姿态。

理所当然，女人最终遇到的那个男人必然是癞皮狗，死缠她不放，缠她到心烦，但也满足了她的虚荣心；而男人最终遇到的那个女人必然是二线品牌，谈到交往马上点头，说到求婚立刻答应，爽快到令他瞠目，但也爽到令他痛快！

结婚后，她会发现：癞皮狗原来有那么多可厌之处！

他则发现：二线品牌往往拿不出手！

一个悔当初嫁错了人，一个悔当初娶错了人。自己最合适的伴侣，遗失在了最初的起点……

女人的爱，求一个耐度。

男人的爱，求一个速度。

耐度和速度，原本就是两个项目，男人女人的爱情比赛，一开始就是个错误。

恋爱是什么？不过是男的女的在做戏！

如果你能懂得这条原则，便可看穿所有的恋爱把戏。

不过，有时候，男人女人的小把戏，也是十足地有看头！

用“把柄”擒获男人

男人女人之间，可以有很多有趣的游戏，即便冤家对头，也别有一番滋味在心头。

文艺作品中常有这样的桥段：男人手中握住了女人的旧日把柄。这个把柄可以是她多年前的一次暗中插足，也可以是对老板的一次小小不忠，或者还可以是年少时的几段轻狂往事……总之，他自认抓住了她的软肋，于是坏心地要挟她，用爱来交换他的守口如瓶。

偶像剧的情节历来如此，而且所有的结局都是“男人不坏，女人不爱”，“坏心”男人最终用伎俩博取了美人欢心！

生活中，这样的故事也有，一对男女从打打闹闹开始，由相互揭短发展，进而组合成欢喜冤家，周围看客都松了一口气：秘密终于不必担心曝光了！

哈哈，男人女人都在演戏。

抓住她的把柄，男人以为自己是设局的人，其实是最终入局的傻瓜。

一个女人，肯让男人抓住她几分把柄，只说明了一件事：她对他有意思，愿意陪他玩这个游戏……

女人和女人有时候是不一样的，一件事，也会有两种不同的结局，就像一块钱，也会有不同的命运……

一块钱的两种不同命运

有一男两女，是大学同窗。偶尔的一天，一起出门办事。

一男两女上了公交车，男生自然负责买票。售票员的三张车票撕下来，A女生突然笑着说：“哎哟，我有公交卡的，该少买一张。”

男生拿着多买的一张车票，说："没关系，一会儿给它转让掉。"

于是，A女生、B女生坐到了座位上，男生站在车门口，每上来一个人，他便问："您买票吗？"

一连三站，只上来两个乘客，全是刷卡的。直到第四站，男生才把他多余的那张票卖了出去。他冲着后座的两个女孩儿笑笑。A女生只觉得脸上发烫："早知道就不告诉他自己有卡了，为了一块钱，这个男生竟然这么滑稽，跟他出门，真丢脸！"

原本心里对他的一点点好感荡然无存，只想着怎样摆脱这样小气的男人……

多年后，男生结婚了，新娘是当年一起乘车的B女生。用她的话说："爱上他就从那一刻开始，一个能为了一块钱而认真行事的男人，具备成功者的素质！"

一块钱，两种不同的说法，两种不同的命运。

可见，即便是女人，想法和想法之间，也存在莫大差距。

不过，好奇的是：如果换了你，会怎么想？

"他不理解我！永远不能体会我的苦心！"

"她不理解我！总是对我挑三拣四！"

男男女女莫不如是说。

理解，真的有这么难吗？

不是的。

理解一点儿也不难。只要有爱……

理解也是因为爱

男女之间，总有人为"理解"二字吵架。

A女士说："我下了班倒两趟车去给他买叉烧包，却只换回他的一句：'难吃死了，你不想做饭，也不用拿这种东西糊弄吧！'唉，他怎么就一点儿都不理解我的苦心？！"

B先生说："我加班也是为了多赚钱，多赚钱也是为了让她过得更好，可她偏偏不理解，天天跟我闹……"

理解……理解……理解万岁！

中国人、外国人、地球上所有的人，都把"理解"当成婚姻恋爱的最高境界，女人都渴望有个杨过那样的男朋友：女友"失身"他理解，女友岁数大他许多他也理解，女友要改嫁他人他还是一个心思地痴情兼理解……杨过这样的男人，是全世界女人的理想。

当然，杨过理解小龙女的一切瑕疵，仅仅是因为：他爱她。

你不理解对方的一切好意歹意，也仅仅是因为：你更爱自己。

理解也是因为有爱，不理解是因为不爱，懒得去理睬。

A女士的先生会说："别人的老婆要么美要么娇要么厨艺专业，我家的婆娘却只给我吃包子当晚餐！她懂不懂得，我一天在外边多累啊？！"

B先生的女友会说："姐妹们的男友哪个不是一天八通电话，二十四小时约会一次，偏偏他，一周见一面还频频看表，显而易见不爱我！一点儿也不懂女人心！"

有意思吧？

世上的道理很奇妙，从哪个角度都能讲得圆讲得通，尤其是婚恋中的男女，谁都有各自的一堆大道理。

人人都觉得自己是窦娥，全天下莫不负了自己，说穿了，你太爱你自己！

许多女人心里往往住着两个男人——情人和老公。

当然，几乎所有女人都希望这两个人能够合二为一，成全自己对情爱的终极理想，不过几乎没有女人能够如愿。大多数女人都是怀念着往日的情人，爱着身边的老公，体味着——

怀念和爱的距离

张爱玲说，每个男人心里都有两个女人，白玫瑰与红玫瑰，一个是圣洁的妻，一个是火热的情人。

男人如此，女人亦是如此。

丈夫踏实但未必浪漫，情人浪漫但未必踏实，最好二者兼而有之。虽然每个女人嘴里都说着“一生一世”的坚贞诺言，实际上，内心里谁都希望情人、丈夫左拥右抱，或者干脆两个丈夫，可以满足自己的不同要求。

于是，即便结了婚的女人，也依旧常把往日恋人挂在心上：他很温柔，不像老公，总是对我粗声大气；他很细致，不像老公，马马虎虎粗枝大叶；他也很浪漫，不像老公，情人节都不晓得买朵玫瑰送我……

同时，老公虽然粗鲁，但是大气，不像初恋的他那般优柔；老公虽然马虎，但是成功，不像旧爱的他那样寒酸无成；老公虽然木讷，但是宽厚，不像往日恋人那般计较得失……

如果，有这样的男人：有旧爱的温柔，又有老公的大气；有旧爱的细致，又有老公的才智；有旧爱的浪漫，又有老公的宽厚……那婚姻的结局，是不是百分之百的完美？

这是女人永恒的无解题。

享受着现在，怀念着旧爱，每个女人日日都在做这样的事情。

作为老公，不必吃醋，你要知道：人都在寻找爱，也都活在现实里，怀念和爱，其实存在很大距离……

这样的道理，男人明白，女人也明白。

如果一个男人，不拿你认为足够昂贵的东西来换，女人不要轻易许以爱，否则，将来终有一天，你会发现自己当初爱得不值！

没有回报，不必谈爱

什么是爱？

各人有各人的说法。

有人说，爱是付出。

有人说，爱是享受。

也有人说，爱既是付出也是享受。

都对，也都不全对。

爱其实是等价的交换。

这不是刻薄，也不是奸猾，而是实实在在的生活。

每一段爱都有它的期限，爱着的时候，可以海枯石烂无怨无悔，付出生命也心甘情愿。

然而，当爱情消逝，想到曾经一路的付出没换回片刻的舒心，女人开始后悔，抓心挠肝的疼痛：“我怎么那么傻？怎么那么不懂爱惜自己？怎么会为了一个不值得爱的男人掏空了自己？怎么会为了一段没有回报的爱把自己贬低到了尘埃里？”

所有的积怨在这一刻爆发，为自己没有回报的付出。

不受挫折，人从来不知醒悟。醒悟后，人人又都觉得当初的挫折原本可以避免。

千万种女人，千万般苦楚，莫不因为一个“傻”字。

如果不想日后锥心刺骨的疼痛，没有回报的爱就不要付出。

女人总说："我喜欢真实的男人。"
女人却不敢说："我喜欢男人所有的真实。"
尤其是男人过往的种种真相，是让女人溃退的主要原因。当然，真相揭开后，怎么办？只好——

学会对男人的过去妥协

很多女人说："怎么办？我爱他，可不爱他的'经历'，我接受他，但不能接受他的过去。"

一个有"故事"的男人，让女人感到的并非全是好奇与神秘，更有那种锥心刺骨的痛楚，因为，这个男人，怀里曾经抱着其他女人……

女人是感觉的动物，没有谁会遗忘老公曾经的出轨，不是那件事足以让她耿耿于怀、一生一世，而是那种感觉，一想起来便坐立不安。

女人，总是受制于自我的感受。

几段爱情故事，在现代社会里，算不上不可饶恕的大错。

然而女人之所以介意他的"过去"，是因为她自己没有"过去"，一个清清白白的女人就该受到同样清白的待遇，否则不公平。

换言之，如果她本身也是个“有故事”的女人，那对他过去的经历会看淡许多，女人的心里，总把爱的条件比画得很清楚！

但她的心里仍然不愿放弃，不是不爱，而是不甘心。“意犹未尽”四个字常常折磨人一生一世。

女人要明白，人生不是一次接一次的胜利，而是一次又一次的妥协，对生活妥协，对爱人妥协，当然也对自己的“感觉”妥协。

学会妥协，是人迈向成熟的重要一步！输也要输得彻底，疼也要疼得毫无悬念！

男人与女人之间有很大不同，虽然同是“花心”，但男人可以左拥右抱，女人只能见异思迁。

有男人说：“你可以爱他，但也请给我一点儿机会。”

女人理所当然地拒绝。

男人责怪女人刻毒，连女人也责怪自己的冷酷。当然，那是因为你们都不知道——

女人的爱都是单人房

有男人说：“为什么女人会那么狠心？说分手时一点儿

转圜的余地都不留？虽然明知道不可能了，但仍然抱有希望、期待日后，但她，狠心到全部剥夺！”

倒是想问这男人：“明知不可能，何苦还要抱希望？”

这不是忠于爱情，而是折腾自己。每个男人在年轻时都对爱情、对女人抱有万丈雄心，无不认为：只要自己下定决心，没有得不到的女人心。

男人抱怨女人不肯给自己一个表现的机会，在女人转身的一刹那，男人会说：“错过我，是你一辈子的悔事！”

不必这么自信。对于一个不肯给你机会的女人而言，你的存在根本无意义可言。

女人的爱情空间是很狭小的，女人的心里全是单人房，有了他的存在，自然没了你的空隙。她宁愿选择孤独，也不愿退而求其次选择你，可见她的心里，你没有位置！

女人的心是单人房，男人的心却可以放下一张多人床。

比一比男人和女人，世间的恩爱情仇就有了定论：离开刻骨铭心的初恋，男人会快速投入下一段恋情，女人会沉浸其中慢慢舔舐往日的苦与甜。

不必太泄气，如果你是真的爱她，先做她的朋友吧，至少可以给自己爱的希望找一个落脚的理由。

也许你运气好，能等到她心中房客换人的一天。

也许她的运气不好，你的心中比她先换人也说不定！

朋友圈里讲究“不打不相识”，生意场上讲究“过手才相交”。恋爱中的男女，也是同样的道理——没有几番分分离离，一定走不到最后的好结局。

分手是另一种开始

“为什么男友在提出分手后还总是对自己藕断丝连，旧情难断？不是说男人都比女人寡情吗？为什么移情别恋的是他们，旧情不忘的还是他们？”

这是很多女人的疑问。

现实中，男女朋友之间的“分手”，往往只是一种关系的断交，并不代表感情上的彻底断绝。如果真能做到关系断时感情也断，那就没有人会为失恋而痛苦犹疑了。

也许几年，也许几个月，也许仅仅几周几天几小时，但恋爱就是恋爱，是双方最纯净的感情付出。这正是爱最引人入胜的精华所在。可以想象，即便是以种种理由结束了恋爱的关系，心里的感情也绝不是一时半刻便消失殆尽的。

所以很多人不解：“为什么因为感情不和而分手的男女仍然互相思念？为什么男人女人分手后还总是藕断丝连？”

说穿了，人是感觉的动物，喜欢新鲜的爱情；但人亦是感情的动物，依恋旧日的感情。虽然提出了分手，但并未能因此而彻底结束全部感情，这正是恋爱一波三折的荡气回肠！

说“分手”时，女人不必哭，伤心没有用处，你要有信心：只要不曾伤他到极点，你总还有转圜的余地。

一段时间的分离，他会不由自主地开始想念你曾经的好。

这也是很多恋爱男女分手多次但仍然能够走入婚姻礼堂的原因。离开他，但不彻底走出他的生活，是旧情复燃的良方。

有时候，分手不代表结束，恰恰是另一种开始！

女人对于“矜持”，永远是无师自通的，但如果一个矜持的女人加上一颗宿命的心，那保证，她的“桃花”永难开，只会等待的女人，永远得不到爱……

好男人都是“抢”来的

女人在面对婚恋问题时往往抱有一种宿命的心态：我不着急，急也急不来。我只需要等待，等待我命中的那个人出现……

这样的女人一般都有几点特征：年轻，一般不会超过二十八岁；优秀，内外兼修；单身，甚至没有一个可以约会的男朋友。

当然，没有恋爱也是因为她们还不屑于恋爱：“满世界都是平庸的男人，凭什么我要对着他们降低追求？”

越是优秀的女人越有资格做梦，自然就更有一些梦想期待实现。

值得一提的是：如果你认为自己命中注定的那个人会在你需要婚姻的时候立马出现，那么，至少你得作好这辈子单身到底的心理准备了。

婚姻宿命论本来就是一套不折不扣的懒人哲学。对于暂时没有婚姻渴望的女人而言，这是一种很好的回避，不是不爱，只是时候未到，对自己、对家人，“缘分”是最好的挡箭牌。

有人把结婚形容为买菜。早市上菜品最多最新鲜的时候，人往往不急着挑，反正多的是，着什么急？！等到晚市上蔬菜蔫头耷脑寥寥无几的时候，等菜下锅的人慌了，只好随便拣几棵旁人挑剩的菜，勉强下饭。

如果不是打定了主意单身到底的女人，不要把自己从“早市”熬到“晚市”，再去挑一个可以一起吃晚饭的人。到了那个时候，女人的余地已然不多！

年轻女人可以不需要婚姻，但身边至少要有一个可以结婚的男人。进可攻，退可守，这是对自己的保护。

这个世界上，信命的人总不如造命的人过得好，前者屈从于命运，后者敢与命运谈判。

想想看，凭什么认为上帝安排给你的那个人就一定能让你满意，如果等来等去发现上帝的安排非你所愿，这样的婚姻你肯服从吗?

好男人，等是等不来的!

漂亮女人喜欢性，极漂亮的女人不喜欢性，你知道这其中的真相吗?

情欲的钩斗

越是漂亮的女人，传出“风流韵事”的概率越大。

有人说，这是因为漂亮女人面临的诱惑更多。

也有人说，是因为漂亮女人更容易放纵自己。

其实都不完全正确。

越是漂亮的女人越是喜欢性，因为她渴望展示自己，让自己的美一览无余。

男人，会爱上床下的女人，却会迷恋床上的女人。

只因，床上，才是女人最真我的一面。

凡事都有极端，极漂亮和极不漂亮的女人往往却不喜欢“性”。

不漂亮的女人喜欢借助外物作修饰，害怕一无遮掩的尴尬。

极漂亮的女人过于珍惜羽毛，即便床间也要如天鹅般优雅。

自然，若男女之间丧失了野蛮性，那所谓的“乐趣”自然就会大打折扣!

所以，查尔斯和戴安娜的悲剧故事在生活中向来不少见。男人女人都别觉得奇怪，卡米拉未必敌不过美丽的戴妃，尤其在床上。

床，是个暧昧的字眼，这里是一个男人和一个女人相互俘获的地方……

“分手了，但我们还是好朋友，他希望还能做朋友。”
女人常常总结自己过去的这段恋情。
虽然男人说“分手依然是朋友”，但不必太当真，日后的生活里，旧情人还是少见为妙，毕竟——

分手不再是朋友

很多男人说分手时，总会加上一句：“分手后，我们依然是朋友。”

仅此一句，安慰了对面一颗受伤的心，从此她抱有期望——至少，我们还是朋友。

傻丫头啊，分手后，哪里还能是朋友？

曾经的如胶似漆、曾经的翻云覆雨，一旦结束，有几人能够心无旁骛地做一对普通朋友？

只不过，面对一个口口声声说过“爱”的男人，没有任何一个女人会心甘情愿地放弃爱。

“分手后，希望我们还能做朋友。”

这是男人对女人，或是女人对男人的一种礼貌，以此证明自己的绅士风度。

就好比两家公司谈判失败，临别握手，还没忘了一句：“希望下次能够合作愉快！”

瞧瞧，这就是分手的礼仪。

不说，显得气量狭窄。

说了，只望你不要当真。

毕竟，分手不再是朋友！

我曾说：软弱的男人得不到想要的女人。
同样的道理也适用于女人。
现实中，抢来一个好男人，让他跟自己共度一生，只不过是故事的开始，后面还有好多好多复杂的工程等在那里，但是不要怕，一定要记住——

勇敢是女人征服男人的撒手锏

“我只是个替代品！”恋爱中，常有女人如是说。

他刚刚失恋，痛苦不堪。她向他伸出手：“我爱了你好多年，给我一个机会吧，让我来治好你的伤！”

于是他和她走到了一起。理所当然，顺理成章，如同折骨的伞架理当要进修理铺。对他，是休养生息，对她，是夙愿得偿。

然而，当伤痛慢慢愈合，他的眼里，她怎么也比不过那个伤他最深的女人！

知道感恩的，会想：“在最艰难的时候拉我一把固然可贵，可恩终究不是爱！”

不知好歹的，会想：“在我最失意的时候你拥有了我，好名声你得了，事到如今只成全了你！”

没有女人愿做替代品，但说句让她伤心的实话：与他恋爱，你本身就只是一个替代品！

在那样特殊的时刻，一个男人的感情几乎面临崩溃的时刻，向他伸出爱的橄榄枝，没有男人能够拒绝，即便没有好感，也会牢牢抓住你伸过来的手。对于挣扎在痛苦边缘的人而言，那是一根救命的稻草，即便不是自己需要的，也强过无所依靠！

女人，选择了一个并不太恰当的时刻开始了一段不太恰当的恋爱，必然意味着要多受些“磨难”！

当然，事到临头，女人会想：如何把自己这个“替代品”转正成“绝版品”！

很简单，用自己的勇敢“赖”上他！把痴情深情甚至自作多情统统扔给他，告诉他，你爱他，甚至可以到无怨无悔的地步！

女人说“无悔”，是对男人的一种警示：“我，是你的责任！”

恋爱中，勇敢往往是女人征服男人的撒手锏！

痴心女人，别为当了一回别人的“替代品”而沮丧，一段恋爱怎么开始并不重要，重要的是如何结局！

故事还长，戏刚开锣，别急着说散场！

爱情没有对错，女人却非要找出一个答案。只因为，女人比男人拥有更强的感受力，她希望能把自己幸福的感觉延伸到身体的每一根细小毛发。然而，恋爱经不起太细致的推算，想象力太强，不是女人的优点。

恋爱不是推理小说

爱情这种东西像一道没有对错的选择题，一旦选定了答案，每个人都会不自觉地去想：如果选了其他答案，会是怎样呢？

这根本就是个无效的命题。

如果非要把爱情跟那么多的“如果”、“可能”联系到一起，那可以料定：你一辈子都得不到最大的幸福。

女人的神经都是敏感细腻的，经不起一点儿波澜起伏，稍有风吹草动，便推测出一万种可能性：“他是不是对我的爱意有减？他是不是另有了新欢？是不是……是不是……”

不是！全都不是！只是你太过敏感，太过关注自身的感受！

恋爱中，女人需要的是理解力，而非想象力，凭任何一点儿蛛丝马迹就能联想出一篇推理小说的女人大多谈不好恋爱，只因为你的敏感把对方逼上了绝路。没有男人不心惊胆战！

恋爱不只是脑力劳动，更应该是体力劳动，在吃喝玩乐中释放年轻的体力，而非在胡思乱想中盘算对方的心思。

爱要轻轻松松地谈，将来分手是将来的事情，无数女人分手后忽然泄气地想："哎呀，后悔当初在一起时没有……"

可见，这段恋爱没有给你留下什么！

这才是真正的不值！

恋爱中的女人要重视的是爱，而非自己本身。过分关注自身感受的人，永远体会不到幸福的感觉。

也许女人不承认，但事实是：面对爱情，女人真的爱犯贱。于是，爱情悲剧就此开场，千般不是万般错，女人——

见爱不要"贱"爱

女人跟男人不同，男人具有惯性，女人具有反惯性。

简单来说：男人，你可以对他好，可以日复一日地对他好，不间断，不停顿，自然而然他就习惯了。把女人对他的爱当成了天经地义的事情，比如空气，比如自来水。他习惯了享用。

女人不一样，女人也把男人的爱当成天经地义的事情。但所有的女人都是悲观的完美主义者，虽然也把爱当成空气，但要这爱是没有受过污染的西双版纳的纯净空气才可呼吸，也要这爱像可以饮用的水，但绝对不要自来水，必须是经过净化的纯净水才可入口。

现实是：粗枝大叶的男人不可能满足女人这种在他们看来是荒谬的事情，所以这世界上总有不断的爱情纷争。

很多女人持这样的态度：你爱我一分，我还你十分。你愿意为爱奉献一点点，我就甘愿为你献出很多倍！

悲剧就从这一刻开始。

他爱你一分，只还他一分便好；他只肯奉献一点儿，你凭什么数倍偿还？

有女人愤恨地抱怨："男人本贱，不能对他有一丁点儿好！你对他好一点儿，他就会觉得天经地义，索求无度。"

这不怨男人，怨女人。如果所有的付出之前都能够过一过天平，那世上便不再存在谁欠谁的纠纷！

男人的优势在于懂得保护自己，不会为了一点点的爱亲手结束了自己心爱的其他一切。如果女人也能有这样的清醒，便不会在爱情失败之际哭诉自己的不甘，更不会让倾听自己哭诉的闺中密友们数落自己的"下贱"。

对男人而言，爱情是生活。

对女人而言，爱情是生命。

男人失去了爱情，只是失去了生活中万紫千红中的一色。

女人失去了爱情，则是失去了生命的动力。

爱一个男人，要保持合适的温度，不要燃到了尽头才发现原来已经一无所有。

男人的爱可以很纯粹，很激情，因为男人是钢是铁，越高的温度越可以锤炼他的韧度。而女人是花，温度稍高便失去了维生的水分。男人的“贱”是为了释放激情，女人的“贱”只会作践自己。

何苦要跟男人比谁更爱谁?

略略比他低一度，是女人永远的爱情准则。

做女人，千万别跟男人比“下贱”，因为如果你不幸地赢了，就真成了最终的灰烬!

谁都承认七年之痒，谁都认为自己可以平静地面对爱情转变成亲情后的寡淡生活。前赴后继的七年男女，始终在心里问一个问题：

谁爱谁到老?

有一个朋友，与男友恋爱了七年。

在这个爱情肆意流失的年代，能够相濡以沫七年，为彼此坚守，实在不是一件容易的事。

就在周围朋友都盼望有情人终成眷属的时候，却传来了他们分手的消息。

她有她的理由："日子越过心里越空，恋爱了七年，本以为彼此已经深深了解，可以相互依靠，实际生活了才发现——幸福不单纯是两个人彼此习惯，还是需要有激情的。七年里，前三年是他追着我，要我的一个承诺；后来三年是我追着他，要他的一个承诺。刚开始恋爱，他经常说的话是：'我爱你，真的。'可后来，我不得不常问的话是：'你还爱我吗？说真话！'我早已无法预料和他能坚持到下一秒的什么时候！"

这话，听得人心里怅惘。

还真是个问题：恋爱七年，还有没有必要结婚？

女人总是希望男人不断更新爱情戏剧的内容，但女主角永不更换。

这便是所谓的激情。

激情这种东西是两个人之间的事情，需要两个人的爱情火焰去燃烧。

然而对于七年男女而言，激情真是一种日常生活之外的奢侈品，他们拥有更多的熟悉和习惯，却缺少最原本的火热和缠绵。

对此，理想一点儿的人最终选择了分手，拒绝爱已走失的婚姻；现实一点儿的人则选择结婚，继续实实在在地生活。

各有各的理由，各有各的无奈。外人瞧见的是他们之间的恩爱，瞧不见的是他们心中对爱的无奈。

忽然明白了：这世上最折磨人的一种感情，不是不爱，而是不能感受到爱……

现代都市，男人女人都明白：一次恋爱就是一次性经历。但是，作为男人，依旧会对女友过往的性史耿耿于怀。其实，不光男人如此，女人亦是如此……

那件事，她比男人更在意

曾经参加过一期节目，讨论的是女人婚前的性经历该不该对老公坦白的问题。

男人都重视处女，是的，没错。

但是很多人至今也没弄明白一个事实：对于女人而言，如果结婚时你已经不是处女，老公在不在意不是问题的最关键之处，关键是——你在意。

有处女情结的人不仅仅限于男人，很多女人亦有处女情结。

对比来看：有处女情结的男人如果娶了一位非处女，他的婚姻可能会有终生的遗憾，但随着时间的流去，遗憾会慢慢减弱，弱到被柴米油盐的居家生活所掩盖；如果一个有处女情结的女人没有把初夜留给最终的那个被她称为“老公”的男人，在今后的婚姻中，她心理上的自卑感会伴随一生，始终有个心结解不开，这远比“男人是不是在意老婆的第一次给了别人”要痛苦得多。

于是很多女人希望用隐瞒来换得婚姻的宁静，试图忘记这一段尴尬的往事，实际上也未必能够人人如愿。什么事都容易瞒人，这种事怎么都瞒不了人，尤其是同床共枕的男人。有些聪明的女人能把第二次、第三次……变成自己的“第一次”。如果你真有这样的自信，那好，请把往事一瞒到底，对男人、对女人，这样的隐瞒都是一种善意的解脱。

问题是，绝大多数女人没有这样的本事，更多的女人是必须也只能带着曾经的“经历”走入婚姻，于是有女人在老公面前始终抬不起头来，觉得，嫁他，已经算是委屈他！若不小心翼翼，他如何能够不嫌弃自己？！

真是心理自虐的傻女人。但也可以肯定，这个女人一定不是个强女人！

女人要明白：在挑老婆这个问题上，男人往往也是存在“势利心”的。就如同女人对于事业成功的老公的风流韵事可以睁一只眼闭一只眼，对于条件优越的太太，大多数男人也能够心平气和地容忍她的“曾经”。然而，如果换了一个弱势小女人，本身就打定了算盘，依附着男人过日子，那就只能尽力维护自己在老公心目中的纯洁完美形象，唯此，日子才能顺当。

做人要做强势的人，做女人也要做强势的女人，强势女人的性经历不算什么大不了的事儿。对于普通女人而言，曾经的性经历是丑事。对于一个成功女人而言，那叫做“风流韵事”。

即便老公，心里也是这么想的！

爱情自有它的味道，有时候也许不那么沁人心脾，但却是人与人之间不同的爱之符号——

爱情的怪味道

中国有句成语：臭味相投。

简单点儿理解，就是物以类聚、人以群分。

如果把这句成语用在爱情上面，则是加倍贴切。

一个人喜欢什么样的配偶，跟他喜欢什么样的气味有着密切关联。

拿破仑和约瑟芬的爱情故事流传已久，据说这位传奇人物最钟爱太太身上的体味，认为那比什么香水都迷人。为了感受更浓郁的“香氛”，他曾经让太太几天不洗澡，这对他的性爱具有更强烈的冲击力。实在令人匪夷所思。

古往今来，很多男人迷恋女人的“臭脚丫子”，觉得那种气味实在迷人，所以西门庆要把酒杯放在潘金莲的绣鞋里饮酒，还不住地说：“香，香死个人儿……”放在今天，谁若把皮鞋当饭碗，立刻会被扭送到精神病院。这也是畸形的心理所致。

除此之外，还有些人的性激素跟一些莫名其妙的味道相关联，比如有些人一闻到腌鱼虾酱类食物便性情勃发，还有人偏偏对汽油味钟情不已。

总而言之，越怪的味道越有人爱，臭豆腐畅销市场便是很好的证明！

萝卜青菜各有所爱，爱情真是无理可讲！

本堂总结：

女人，仅有爱情是不够的。如何爱？怎么爱？比爱本身更重要。

处处可见相爱容易、相处太难的男男女女，一段情，常常输在了起点。原因无他——我们只想去爱，却不曾想过如何去爱。

男女之间也有两性法则，不遵守它的定律，你的爱情路注定要比别人艰难许多。爱情的方法论，熟习得越早，女人越爱得功德圆满！

用功起来吧，别做懒女人！21世纪，不懂“男女法则”，必定要被幸福抛弃！

做情场强势女人，永远主宰爱情的遥控器！

Friday
星期五：
谁才是你的Mr. Right

男人女人，彼此间就是一个强力磁场。渴望了解异性是每个人由衷的想法。

在男人心里，女人是个谜，永远搞不清楚她心里在想什么。男人在想这个问题的同时，女人与他有同样的想法，女人心里的男人，亦是一个谜团。生活中，时常有女人说："为什么枕边这个男人似乎离我越来越远，最亲密的人却成了最陌生的人？"

不了解真实的男人，不了解男人真实的想法，是所有女人的困惑。

人都是善于掩饰自己的动物，这是出于一种自我本能，不是只有女人才爱口是心非，男人同样也有掩藏真我的习性。这种掩藏，有时候是出于自尊心，有时候是出于自卫心，有时候是出于自私心……当然，每一种掩藏都会有其特殊的破绽，读懂男人背后的语言密码，对女人而言，是一堂至关重要的爱学课，可以帮助你减少因为不了解而造成的恋爱失败。

常常有女人说，恋爱时，自始至终没有看清对方的真面目，到最后输得惨烈，心中凄然：男人，你欠我一个真相。

男人女人爱做戏。戏，本身是爱的一部分。戏不精彩不好看，爱不曲折不销魂，但只为了演出精彩的戏码往往有脱离现实的虚假，只求曲折动人的爱情不是生活的真义。

男人女人，如果抱定了做戏的心态去谈爱，那情场人生注定了不圆满。

总有女人在爱的战场上屡战屡败，她想不明白：男人为何偏偏不对我微笑？难道是我太糟糕？

不是你太糟糕，而是你不懂男人的心。

当男人说："我爱你。"也许是他在想：我爱你吗？

当男人说："我配不上你。"也许是他想：你配得上我吗？

当男人说："我想陪你一生一世。"也许他正犹疑：我该让你陪我一生一世吗？

……

看不懂男人的心，读不懂男人的爱，理所当然，女人成不了情场赢家。想了解男人吗？一起挖出男人的内心秘密！

认识异性课：
男人为何不对你微笑

男人不是圣人，不会时时金口玉言不变改。

男人也不是出家人，偶尔打打诳语也是情理之中。

爱里面，如果没有了谎言，便不能称之为爱……

情里面，如果没有了过往，便不能称之为情……

作为女人，要辩证地对待男人出轨后的“欺骗”，认识男人，第一步你要明白——

懂得骗你，才会爱你

新欢旧爱，是永恒的话题。

男人有了新欢，最后一个知道的是太太。“情外有情”的男人，对太太实行的总是“打死也不说”的策略！

很多女人在老公有了外遇之后，第一个反应就是：“说，那个女人是谁？我要听实话！”

这是最本能的反应，一定要逼着丈夫说出那个女人！

只是，想要问一句：男人的实话，你经得起吗？

这个问题上，女人永远是矛盾的：一方面，希望男人永远不要欺骗自己，另一方面，真正能够经受得住实话的女人却又少之又少。

追问出他除你之外的情史，这是实话，你作何想法？

逼问出他的移情别恋，也是实话，你怎样承受？

逼他说出那个女人后，你的痛苦会因为知道了那个女人的模样和具体情况而减少吗？

……

不会，绝对不会。

相反，一旦知道了那个女人的模样、特征、身份、职业，你会加倍抓心挠肝地痛：她的皮肤没有我白，他却爱上她；她的能力没有我出众，他却爱上她；她的魅力胜过我，所以他爱上她；她的谈吐比我优雅，所以他爱上她……

女人的痛苦来源于比较，一旦知道了“情敌”的具体信息，可以想象，日后的生活中，时时刻刻都会充满了比较，对自己和对他的折磨，才刚刚开始！

女人面对男人的出轨，口口声声说的都是“我要听实话”，可实话一旦出口，往往是男女间决裂的开始。

女人，追问出一个男人的“实话”，实际上是一种自绝。每个人都有颗好奇的心，同时又把握不住自己的心。在男人的外遇这个问题上，女人永远是听不得实话的，尤其神经敏感的女性，实话，会要了婚姻的“命”！

于是，聪明的女人往往读得出男人的实话，却不拒绝聆听男人的假话。

对女人而言，相信一个男人的谎言并不难，只要有爱。

对男人而言，欺骗一个女人不容易，往往也是因为爱。

看得穿他的心，才笼得住他的人。

作为女人，你要明白，这个时候，男人骗你，不单是自私，也是为了保住这个家。

既然如此，领他这个情，给他个改正错误的机会！

没有几个人的婚姻不经考验，波折过后，对待婚姻的心态会更理智！

一个男人，懂得骗你，才会爱你！

女人的幸福，从豁达开始！

很多女人愤愤不平："追我的时候花言巧语，追到我后寡言少语，男人的爱，真的这么现实吗？"
很少有男人愿意对自己的女友或妻子开怀大谈心里话，这不是因为"得手后的满不在乎"，恰恰证明了这个男人对你是真的有诚意，女人，你不明白——

男人的沉默源自爱

男人总埋怨女人的唠叨，女人总抱怨男人的冷漠。

絮絮叨叨的老婆，沉默寡言的老公，是中国式家庭的基本脸谱。

于是有女人以此下结论：中国男人没情调！

错了。非关情调问题。

恋爱结婚以前，几乎没有男人不爱说话，逮到个把看似暧昧实则清白的“异性知己”便恨不得聊到天亮。

不信你去酒吧餐厅里看，那些男人滔滔不绝、女人静静聆听的组合多半不是情侣。

可以这样说，中国男人的话，是讲给外面的女人而非讲给家里的女人听的。

女人顺理成章地认为：“你沉默，是因为厌倦了我，不愿再跟我谈心。”

不是这样的。

是女人不懂男人的心：沉默，是男人对自己女人的一种爱护。

女人和男人生而不同：女人心里但凡有事，巴不得一股脑儿全倒给男友听，在女人的心里，只有知无不言、言无不尽，才是恋人间最信任最恩爱的状态。

男人不是这样。与女人相比，男人更愿意把心事放在心里，而不是挂在嘴边。工作上的压力、生活上的难题、感情上的苦闷，所有这一切都一个人承受，绝对不愿意把这些烦闷倒给身边最爱的女人听，这是男人的一种性别特征。

假如说一个男人什么事情都跟老婆唠叨，有事没事倾诉心曲，这样的男人反而不值得托付终身，有女性化倾向。

明白了吗？

对一个男人而言，让他跟一个女人口若悬河的前提是：那个女人与他无关，说多说少说好说坏都无须担责任。他不爱她，所以，不必担心她的感受。

不必抱怨，他不愿再跟你多聊，只是因为：你走进了他的心里。

对男人而言，沉默是对你的爱。所以，也请以沉默作为回报！

刚刚步入恋爱的女人，大都忙着隐藏缺点，明明爱听陶喆、周杰伦，偏要装出喜欢莫扎特的小夜曲，明明爱吃麻辣香锅、油豆腐，偏说爱吃日式料理、法国菜……

在女人眼里，俗人俗事俗爱好，成不了男人心中的尤物。

是女人不明了，如果你真的抱定了要以高雅姿态擒获男人，那极有可能最终得到的并不是真正爱你的男人，要知道——

真爱你的男人，也爱你的粗俗

但凡女人都爱《红楼梦》。

但凡女人都不爱《红楼梦》里的男人。

从贾琏到贾珍，从贾宝玉到柳湘莲。

不爱，全都不爱。

他们的眼里，“色”是重于“爱”的，贾珍、贾琏挑情妇，不是美人不上床；帅哥柳湘莲，挑老婆的标准硬是“要一个人间绝色的”；即便情圣贾宝玉，评价一个女孩儿优劣的第一条依旧是看她的模样儿好不好。

一群真实到残酷的男人，令女人的美梦纷纷破裂！

也总有人会问到我：“《红楼梦》中哪个男人最适合当老公？”

每次我都答：“贾政。”

很出人意料的一个答案，常常迎来周围人的瞠目。

平心而论，这个世人眼里的“禄蠹”，其实是最适合婚姻的老公人选：贾政有事业，不会让老婆孩子跟着挨饿；贾政有幽默感，偶尔为之的小笑话亦能引人捧腹；贾政有文学素养，古往今来诗词歌赋尽收胸中。

最最重要的是——贾政懂得感情，懂得女人。

都说贾宝玉是情种，但到了老爹贾政面前就算不上数了。贾政最爱的女人不是名门淑媛王夫人，不是温柔侍妾周姨娘，恰恰是出身底层粗俗不堪的赵姨娘，共同生活了十几年，依然恩爱不减当年，夜夜专宠枕席间。

王夫人是个爱情婚姻双双失败的女人，豪门贵妇又怎样？端庄高雅又如何？在爱情面前，全敌不过一个莫名其妙神经兮兮的粗俗女人。

你可以攻击贾政没有品位，有另类审美取向，但这种所谓的“另类审美观”，就叫做——爱。

现如今，女人中最流行的事是私下传递“驯夫经”：一天换四五套衣服，时时刻刻保持精致妆容，标准的微笑不亚于专业空姐，永远是甜言蜜语送达耳边……攻心术、攻爱术、攻胃术，一天八小时之外，女人时时刻刻为着一个名叫“老公”的男人奉献脑细胞！

让人不理解：什么样的男人，值得你花这样的心思？！

宝钗、黛玉能获得宝玉的爱，一点儿也不奇怪。

美女才女谁都青睐，不只贾宝玉，便是换了其他张宝玉、王宝玉、李宝玉，也一样把她们当成手心里的宝。

一个男人，爱一个美女，是乐趣。

一个男人，爱一个丑女，是勇气。

一个男人，爱一个俗女，是感情。

赵姨娘无才无德无美貌，贾政依旧宠她，这才是真正的爱！

红楼女子若干人，林黛玉到薛宝钗，王熙凤到秦可卿，晴雯、袭人、平儿、香菱，全都不及一个赵姨娘！

只因，她有一个真疼她的男人，厮守了大半生，一切的优点缺点他都照单全收，这是女人最大的福气！

生活中，总有贾政和赵姨娘这样的婚姻结合。

外人一旁冷眼夹击，都说这么好的男人没娶对老婆，可惜了！

但当事人不这么认为。

就像儿不嫌娘丑，狗不嫌家贫，老公不会嫌弃老婆的粗俗。

很多女人不明白这样的道理，闹到天翻地覆，闹到人仰马翻，闹毁了自己的形象，闹坏了老公的名声，可他不在意，大肚能容，依旧只一句："没事儿，老婆！"

不要认为他做了亏心事，心怀鬼胎。

这个男人，是真的爱你！

有真爱你的男人，自然也就有真不爱你的男人。

真爱你的男人心心念念为了你操心。

真不爱你的男人时时处处为了自己盘算，即便选择分手，他也会努力把对自己的风险降至零。

男人的话，女人不可全听全信，否则，就是落入了这个男人的圈套——

男人的恋爱兵法

"如果三年后你还单身，那么我愿意和你结婚。"拒绝一个女人的时候，男人经常如是说。

于是，无数痴情女子重重点头，擦干眼泪，带着希望重新上路，三年中，坚守着自己的孤独，祈祷着他的回心转意。

这个世界里早已不需要王宝钏，却常有女人重复着王宝钏的老路。等，直到不能再等的那一刻……

真是傻，如果他真想和你结婚，何必再等三年？

男人如是说，表面看来是给女人留下更多选择的空间，实际上，他是在给自己留足选择的余地：如果走走转转没有遇到更动心的，退而求其次，会选择你！

虽然说这样话的男人没有太大的坏心，但这样的话却是套牢一个女人的绳索：放开你，但不放弃你。进可攻，退可守！

恋爱的兵法，不是只有女人才擅长！

一般女人永远不愿承认“自己只是个备胎”的事实，这实在有伤爱情的体面。

女人都是一样：宁愿赌输，也不愿认输！

于是可以想见，三年后，她仍是个“怨女”！

爱情是两个人的事，但爱是一个人的事，你可以继续爱他，直到再爱上其他人。

一个男人愿意给你三年的自由时间，可见他多么不重视你……

女人总以为：男人生来大大咧咧，分就分、合就合，从不拖泥带水。

这是女人太信任男人，恋爱中，男人常用的“分手暗语”她一定听不懂。

作为女人，你要知道，即使是男人，在恋爱问题上，要起伎俩来，也丝毫不逊于你——

男人的分手伎俩

当一个男人对你说：“我什么也给不了你，你应该有更好的对象。”

你要有心理准备：通常这就是一种“分手”的暗示了。

很多女人并未敏锐地观察到这一点，反而把这当成是他的“善良”和“慈悲”，拼尽全力说：“我不在乎，我只要你！”

唉，实在是个感情迟钝的女人！

通常，一个男人说：“希望你能找个更好的男人”，潜台词是：“我想再找个更好的女人了！”

之所以拐弯抹角，也是怕伤了你的自尊心，希望为你女性的尊严留点儿余地，好说好散，不要闹到撕破脸皮。

偏你不领他这份情，一味澄清自己对他坚贞不渝的爱情。

于是乎，才硬逼着他说出了伤你的真话：“不爱你了，分手吧……”

这时候的女人常常会问："我要怎么做才能跟他在一起？"

太难了。

对一个费尽心思和你分手的男人而言，女人的执著只能是逼他最终毫无顾忌地跟你一拍两散。

他还愿意顾及你的尊严维持你的颜面，不代表他依然还深爱你，只是代表着他的内疚和歉意。只是，这点儿内疚和歉意，不足以支撑一个男人义无反顾地爱下去！

分手时懂得用伎俩，说明这个男人还善良，不想伤你太深。

作为女人，这时候唯一能做的就是——照单收下他的好意，从此后，留给彼此一点儿海阔天空的回忆……

分手但不分开，男人最喜欢这样的恋爱结局。

结束掉一个女友，发展起一个情人，每个男人都有自己的一份贪心。然而，女人却常把男人的"贪心"当做了"多情"，真是傻，你认为那是男人对你的恋恋不舍，其实，那是——

男人的爱欲贪心

分手时，很多男人常常留下一句话："希望还能做最好的朋友，希望你依然是我的红颜知己。”

每每，他对面的女人潸然泪下。

这是男人屡试不爽的伎俩，这是女人命中注定的陷阱，这也是恋爱分手永恒不变的桥段。

红颜知己，向来是个极暧昧的词，当男人对外人介绍一个女人是自己的“红颜知己”时，外人心里第一时间冒出的念头是：秘密情人。

虽然称谓不同，在别人心中的意义完全一样。

当然，对女人而言，红颜知己的称谓是一种诱惑，这意味着——自此，自己在这个男人心中稳稳扎了根。

谁都认为：“知己”往往胜于“女友”的牢固，即便分手，也是一种拥有。

可惜！这是女人的痴处：你认为这是他爱你，实际上这是他爱他。

分手后不做陌路仇人做红颜知己，对男人而言，表达了对你的留恋，他不希望从此彻底失去你的消息。但，也仅仅是最好的朋友——没有执拗地坚持要挽回你的心，没有疯狂地呼喊要把你牢牢拴在身边，可见，他对你的留恋是有限的。

说穿了，这是他的一颗贪心：希望在没有彻底忘记你的时候，先不要彻底失去你。

但这样的伎俩女人感觉受用，你愿意钻进他的圈套，只因一个理由：你也同样舍不得他！

红颜知己是恋人与生人之间的一个模糊地带，你们可以享受恋人一样的待遇，但不必负担恋人之间的责任，难怪，男人女人都爱它，只因，人人都有一颗贪心……

别以为只有女人会做“灰姑娘”的梦，真实生活中，男人也常常有类似的想法，娶一个有钱或者有本事赚钱的女人，是很多现代男人的婚姻理想。不必对男人抱以鄙视的态度，名利场上，男人谁都有不劳而获的梦想——

男人也有“灰公子”情结

每个出身平凡的女人都做过“灰姑娘变公主”的美梦，那种平地而起的富贵无人不羡慕、无人不渴望！事实上，不仅女人有这般不切实际的“妄想”，换作男人，同样也有“灰公子变王子”的情结。

曾有网站针对男性群体作过调查：《红楼梦》中，你最想娶哪个女人做太太？

结果出乎意料：美女宝钗、才女黛玉、可爱女湘云纷纷靠后站，反而是又酸又辣的王熙凤高票当选！

原因很简单：王熙凤有本事能赚钱！

从曾经女人想靠男人致富，到如今男人想靠女人致富，男人女人真是实现了某种意义上的平等：谁都想一步登天，谁都不愿在底层社会里迂回度日，不管是男人还是女人。

所以说，这世上绝对没有纯大男子主义的男人，关键看男人娶了个什么样的太太。娶个钱势俱全的高端女人，再强悍的男人也愿端洗脚水；娶个无权无势的平凡女人，再温柔的男人也想要要威风！

人们说：女人选择什么样的男人就是选择了什么样的生活。

这话绝对不是百分之百的正确。

应该改成：女人想过什么样的生活，就要先变成什么样的女人！

生活中，常常有女人诉苦："我老公是个天生的暴脾气，动不动就开口骂人，嫌我这嫌我那……"

你搞错了：没有谁天生是暴脾气，他骂你嫌弃你，只是因为你不够出色！

男人也有"灰公子"情结。

劳斯莱斯上走下一对男女，女人会想：这个男人要是我老公该多好！

她不知道，与此同时，身边的老公在想：这个女人要是我老婆该多好……

“有故事的男人”，一个听起来有诱惑、但交往起来有负担的男人族群。

女人把男人的“故事”当成男性魅力，当彼此交集起来，真相慢慢解开，女人惊呼，原来——

有故事的男人往往是情场渣滓

女人一面对感情问题，理智瞬间就会坍塌。

这是个总也扭转不了的事实。

“有故事的男人”，这个典故或许出自言情小说，某些男主人公有着一大堆的“前科故事”，但又能对女主人公死心塌地、至死不渝。

一个男人的“故事”代表他的魅力，但这种魅力不能无限期地延伸。这是女人的终极理想：成为一个有故事的男人的最后一个女人，终结他这一生所有的故事……

然而，你觉得这样的桥段可信吗？

答案当然是否定的。

有故事的男人往往也有颗不安定的心，他不会任由自己在哪个女人那里彻底踏实下来，除非他玩不动，否则，他永远玩不够！

枉费了女人的痴心和眼泪：同样是“有故事的男人”，现实与小说，为何差距天壤？

是女人自己折磨自己！

与有故事的男人的感情，不必太当真，因为他从未把你当真，有感觉时跟你说说“爱你”，没感觉时找别的女人说说“爱她”，有故事的男人，大多如此打发爱情时光。傻女人，用尽力气和时间，只反复论证了他的“爱与不爱”，仅靠自己一点儿幻想来支撑爱的重量。于是，世上到处是精疲力竭苦苦挣扎的可怜女！

有故事的男人往往是情场渣滓，他的爱，也是技巧，能让你爱得疯癫，亦能让你痛得撕心！

太懂得把玩爱的人往往不懂得爱为何物！

女人的精彩人生比男人更短，不要不知深浅地“蹂躏”自己，与一个“有故事的男人”谈情说爱，结局最大的可能性是：你会成为他众多故事中的一段！仅此而已！

即便他真的很帅很多情，但有故事的男人，看看就好……

有故事的男人是情场渣滓，的确已经破坏掉了许多女人的恋爱理想，但是，更残忍的事实还在后面，深吸一口气，告诉你——

完美男人都是装出来的

去问一百个女人：你理想中的老公是什么样子？

所有人的答案都是近似的：年长自己三五岁，有钱有派有事业，有风度有品位，温柔体贴会疼人……

很理想化的答案，只能在电影小说中才能找到完整版。

完美男人当然不存在，即便有，也仅仅是恋爱之初讨好女人的手段，相处时间一长，哪个男人都没有这样的耐心与女人周旋。

所以很多女人不理解：为什么一个男人谈了七八次恋爱却还学不会甜言蜜语哄女人开心？

不是学不会，是压根儿不想学。即便谈过一百次恋爱，不到迫不得已，男人也依旧懒得去哄女人开心。

恋爱中，女人追求浪漫，男人追求实惠，太麻烦的事，男人永远不是真心愿意去做。

越完美的男人越是如此。他希望你俯就他，而不是他俯就你。

这不是悲观的态度，更不是打击女人的恋爱理想，只是说：男人的完美往往都是装出来的。就如同女人的美丽要靠化妆品来修饰一样，既是种社交礼貌，也是人类的本能伪饰。一旦天黑人散，水龙头冲下来，全都变成了素面一张。

他给予别人的也许是完美的一面，但你能面对的只有他完美之外的另一面。

相处久了，哪一对男女不是坦诚相见？戴着面具的日子不可能长久！如果女人执意要找一个理想中的完美男友，最终只是蹉跎了青春，耽误了终身。

当然，从自己所喜欢的种种优点中选出一两项还是可以的：或有钱，或温柔，或宽容，或风度……只是，不要贪心求全，世上没有这样的美事，否则，生活便不能称之为生活，是童话！

恋爱容易让人迷糊，但恋爱中的女人还是清醒一点儿最好！

"有故事的男人"、"完美男人"，都是令女人倾心的男人物种。其中，最令女人心动的男性品种永远是——浪子。浪荡又浪漫，这样的男人，谁逃得开？

不过，女人傻傻地爱，傻傻地被伤害，到了最后才不得不承认——

浪子都有一颗狼子心

人总说：男人不坏，女人不爱。

爱情就是这么奇怪。死心塌地爱她的男人她偏偏不爱，吊着她冷落她不把她当回事儿的男人偏让她肝肠寸断死抓不放。

爱就是这么不公平，不对称的恋情随处可见：她爱他到全心全意死心塌地，但就是换不回同等的待遇；其他女人虽然三心二意左拥右抱，却照样让他期待留恋此情不渝。

即便不公平，女人依旧愿意等待，等待一颗浪子心的回归，她总想着：爱终究可以感化顽石！

傻女人，不要以为不计较得失的爱就一定能够感化一颗浪子心，男人面对感情时，往往又自私又自伤！

这样的女人太多太多，爱他，恨不得一切都全盘托给他，遗憾的是，换不回他哪怕一丝一毫的承诺和怜惜。

他把她隐藏起来，不愿意她介入他的任何世界，朋友、亲人，一个个都与她无关……面对这样的男人，与其说她在与他恋爱，不如说她在与自己恋爱，她为他付出了全部，他却从来不曾把她当成任何一部分。

女人的爱，浪子不会拒绝，但也绝无回报，说到底，是他不爱她。

可怜的女人，掉进了自己的爱情幻想。

不顾尊严不计得失地去爱，只会令女人在不久的将来感到无地自容的羞辱！

无数女人用失败验证了浪子的无情：你一相情愿地去感化他，最终只是让这世上多了一个对爱伤心绝望的女人。

浪子往往有颗狼子心！

这类男人，玩的乐趣大过爱的乐趣！

不想让自己的回忆中留下太多难堪，浪子的心，不动为好！

女人找个踏实人恋爱结婚是最万无一失的。如果你足够好，男人会把你当成生命中最宝贵的物品。然而，有些男人的心，不是那么容易看穿，许多女人就是错会了情意丢掉了真爱，回头想想，真是可惜……

男人的虚荣心

不少女人有这样的疑问："为什么男友那么奇怪，私底下对我不错，一到了人前，马上换了一张脸，冷酷到陌生，好像不是恋人而是主仆！生怕别人说他对女友太体贴不像个男人！"

有趣的酷男人心理！

但并不奇怪，而且可以肯定：有类似举动的男人多属于个性骄傲又内敛的人，在朋友圈子里大多是有威信力的领袖型人物！

男人的心思，论起细腻，丝毫不逊于女人。

就像这一类，他的冷酷不是因为不爱，而是因为面子问题不好意思放开来爱！

也许你会觉得不可思议："爱情面前还有什么拘束？对自己的恋人有必要不好意思吗？"

道理是没错，可偏偏就有这样的人这样的事。

每个人都有各自在外人面前炫耀和骄傲的东西：或是学

业，或是事业，或是身旁的恋人……

对男人来说，如果身边有个女人，温柔又体贴，善解人意又不爱向自己索取，时时一副乖乖样……那这样的女友对于任何男人来说都是极有面子的炫耀品！

当然，女人不必紧张，他并不要求你时时刻刻都要装出愿意为他为奴为仆的样子，只要人前那一点点的恩赐就足矣。

女人的世界里是没完没了的比较，男人的世界里是无休无止的竞争。学历、事业、女人……男人之间同样会争得你死我活！

明白了吗？

对你冷漠不代表不爱你，而是要维持一种雄性的尊严。就像每个人小时候，把拼了命才赢来的宝贝玩具故意不当一回事儿，可若是真要失去了，却又发自肺腑地心疼！

这种装出来的冷漠，是维持自尊的故意耍酷，当然，也是完全善意的酷！

当一个男人这样对待一个女人，证明他格外注重自己在外人眼中的形象。

是男人的虚荣心，也是男人的自尊心。

作为女人，要懂得成全男人小小的虚荣心，唯此，他才会以加倍的爱来回报你！

很多现代女人把恋爱当成一个不断挑选的过程，不到婚礼的最后一刻，绝对不能说“这一个就是唯一一个”！
恋爱中，不难看到脚踏两条船的女人，她认为男人可以和她有相同的理智心态，却不知道——

女人的忠诚，男人的财富

女人说：“与他恋爱之初，我还同时与其他男友交往，结果东窗事发，他强烈要求分手！真是小心眼儿，他浑身缺点我都宁愿忍受，为何他却不能稍稍大度一点点？”

傻姑娘，男人的大度，不可能出现在这样的一个时刻。

没有任何一个男人在面对女友曾经的恋爱史时会坦然大度，即便有，也是装出来的。男人是面子动物，自尊心是雄性的资本，一个女人的忠诚，代表的不仅仅是她个人的品质属性，同时，也代表着她对这个男人的认可度。

女人百分之百属意一个男人时，不可能再动其他念头。

所以，女人的脚踏两条船，对男人是一种最直接的暗示：“你，实在魅力欠缺！”

那些恋爱史单纯的男人，尤其不能容忍女友的三心二意，因为，没有过多经历过恋爱的男人大多是理想派，他期望自己的另一半也能够最大限度的十全十美！

作为始作俑者，你的劈腿如果被他知道了，没办法，只好尽力弥补，首先要让他知道你的决心，给他一颗定心丸，让他意识到你的真诚和眷恋。

爱情里的错，要即犯即认，隔了夜的仇，伤害也会加倍。

虽然在爱情中女人不善于认错，认为这是丧失尊严的大糗事。泪可以尽情地流，错不能随便认！

但你要明白，女人在保留自己尊严的同时，首先也要顾及到对方的尊严。

泪水冲刷不净自己犯下的错。而且，女人的眼泪看在男人眼里，有时候是一种“悔不当初”的表现，也许他心里正觉得：原来你后悔与我的恋爱……

恋爱中的男女，如果学不会互相忠诚，那么你们的爱，只能静等一天天的贬值……

没有男人不爱杯中物，但是也没有男人喜欢加了酒精的爱。
女人，别以为男人都爱酒的味道，大多数时候——

爱情酒精令男人胆寒

男人评判爱情，常是以饮品来定论的。果汁、红酒、咖啡、绿茶……与不同女人恋爱，总会有不同的浅啜浓饮。

很多人的爱情像果汁，酸酸甜甜自然爽口；更有人的爱情像咖啡，难免苦涩但回味悠远；也有人的爱情像二锅头，烧心也上瘾，越上瘾越烧心。

都市男女莫不如此。爱，像是一场两人战争，互相之间比的是折磨人的手段。

都市情爱，不知何时，成了一种残酷的生活方式！

外人劝道："就此放手吧，男人女人何苦互相折磨？"

真说到此，每个人脸上又都是一份依依不舍。

终于明白：有些人就是为了折磨而爱。因为有爱，所以拼尽全力折磨对方。折磨对方也是为了让他多爱自己一点儿。尤其女人闯情关，难免脆弱、难免感性，神经一过敏立马把矛头全部指向男人那里。

扪心自问："这对男人公平吗？"

男人不是女人的垃圾桶，不可能随时随地承受你丢弃给他的"坏东西"。

是男人都喜欢那种能让自己瞬间放松下来的爱情。总希望回到你身边时，能够感受到轻松愉悦的安适。在外有阻力，在家有压力，任哪个男人都撑不了太久。

爱一个人，不要折磨他，爱情是场温情游戏，不是残酷竞争。

男人其实都害怕像二锅头一样的爱情，任你是谁，一瓶下肚，隔天起来也是元气大伤，天天让男人把酒当水喝，爱情早晚会被酒精烧死。

二锅头一样的爱情，即便浓烈，还是少碰为妙。

酒喝多了，伤身。爱里的酒精多了，伤心。

女人，一旦下定决心要得到一个男人，那她一定是无往不胜的！情场中的男人，面对强势女人，自然会流露出几分顺从，会乖乖地留在她的身边。当然，有时候这并不是爱，只是男人一时的怯懦——

男人逃不过死缠烂打的女人

面对情敌，几乎没有女人可以维持冷静的姿态，如果这个情敌再摆出一副不顾一切横刀夺爱到底的架势，那简直令人离发疯不远了！

很多女人说："那个女人可恶！可男朋友更可恶！如果他真是坐怀不乱的柳下惠，任她何种诱惑都能岿然不动！"

事实是，根本没有柳下惠。

如果你的男友是"柳下惠"，只能说明一个问题：那个蓄意插足的女人魅力不强、手段不辣！

任何男人都逃不过死缠烂打的女人，这是情感问题上的通行规则。

这个对手不见得比你优秀，却必定比你难缠；不见得比你漂亮，但一定能让男人不得不服软。

不可否认，男人也把女人的难缠看成是一种魅力，甚至不免沾沾自喜：一个女人肯如此"痴心"，至少说明我作为一个男人是很有些值得骄傲的本钱的！

人的虚荣心亘古不变！男人女人皆是如此！

谈婚论嫁不能赌气。遇到了“情敌”的问题，女人本能上的第一反应是觉得没面子，下狠心要把男友抢回来！誓死也不能咽下这口恶气！

可真正抢回来以后呢？

日子往往越过越不顺。因为爱情以及美好的感觉，在争夺的同时也消耗殆尽了。

一个女人的骄傲在于爱护自己，以此为行为准则，你会发现原来很多事情都变得简单了！

一颗爱心，两手准备。

若干年后，回头来看，不管是当初的死缠烂打，还是曾经的捶胸顿足，都实在是一件最微不足道的过往了……

婚外恋是个问题，婚外恋恋出感情是个难题。尤其中年男人，面对年轻漂亮单身的婚外情人，往往更是悲从中来，不要以为婚外恋的男人都是风流自信的风月高手，有时候——

男人比女人更容易自卑

常有年轻女人成了别人婚姻中的“第三者”，一个二十出头的女人在面临一个中年男人的时候，其理智往往是不堪一击的：他的成熟，他的稳重，他的温柔体贴，他的事业有成……每一样都足以令一个青春正好的女孩儿铤而走险，走上第三者的险途。

她们心里，也是忐忑的："他会一辈子都心甘情愿地和我在一起吗？"

可是你不知道，与此同时，他也在想同样一个问题。

男人，都是这样的想法：一个年轻女人，为了他，甘愿承受"第三者"的恶名，是件十分不易的事情。但站在一个中年男人的立场上，他又何尝轻松得了？自己已然拥有了一个男人应该拥有的稳定生活，为了这份见不得光的爱，要把这一切稳定生活统统打翻重新洗牌，是难上又加难！

男人的顾忌不是没有道理："一个年轻自由的未婚女人所拥有的选择权要比我大得多，如果真要是遇到了比我更好的男人，你能保证一定不会动心？不会对自己跟我的这段不道德、不完美的感情翻然悔过？"

谁也不敢保证，连女人自己也不能。

二十几岁的女人，爱情生活才刚刚开了个头，谁都没办法确定他是第一个还是最后一个！

这就是现实，结了婚的男人会经常不断地对老婆之外的女人动心动情，但一涉及离婚事宜却又不由自主地往后退缩。不单单是男人的"游戏心理"，有时候还夹杂了自卑和怯懦。已婚男人面对如花年华的女孩子，她那逼人的青春本身就是丰厚的资本，足以令男人却步不前。他想的是：“这样优秀的女孩子我如何能够长久地把握住？”

面对婚外恋，男人通常比女人显得软弱。

皆因：男人面对婚外的爱情，常常也是不自信的！

与其想：他会一辈子都心甘情愿地和我在一起吗？

不如想：我会一辈子都心甘情愿地和他在一起吗？

虽然说爱到浓时，不在乎雅与俗，但作为女人，还是不要过分地放纵自己，至少在语言表达上，还是尽量地做到像女人一点儿。

男人喜欢偶尔也说脏话的女人

男人和女人之所以不同，是因为社会对他们的期待有所区别。

比如说话问题，如果一个女孩子因为爱说脏话而被周围的人另眼看待，那是因为社会中的人认为她做了男人的事情。

的确，男人说脏话不是缺点，粗鲁一点儿的男人对异性而言反而更有吸引力，能为性感和魅力加分。但一个爱说脏话的女人往往是“男人婆”的代名词。试想，一个吵起架来，天上地下，身上身下，什么都敢骂的女人，男人焉能不怕？

爱说脏话、无所畏惧地说脏话的女人，容易令男人产生自卑感和自怯心。

无论世界怎么变，男人女人的秉性很难变，女人永远希望男人更像男人，男人永远希望女人更像女人。如果一个女人的婚恋屡出问题，那起码说明了一个问题：她越来越不像女人了！

事实上，男人喜欢偶尔吵吵小架，也偶尔说点儿脏话的女人，这是率直可爱的小女人。

但男人很难爱上天天脏话不离口的女人，即便你的面孔如赫本般纯真美丽，一开口也足以令天下人感叹美玉蒙瑕。

优雅的女人往往比美丽的女人受欢迎，就是这样的道理！

做女人，要明白雅与俗之间的度，俗到了极点，会吓跑身边的追求者，雅到了极点也同样会吓退成群的爱慕者。

太俗还是太雅，都不是男人喜欢的类型。

俗一点儿，是生活一点儿；雅一点儿，是艺术一点儿。生活与艺术之间，没有男人挡得住这样的诱惑！

减肥，似乎成了都市女人的口头禅，胖女人在减肥，瘦女人在减肥，不胖不瘦的女人在减肥，瘦到不能再瘦的女人依然在减肥……女人把竹竿腿藤条腰视为好身材，觉得这是讨得男人喜欢的重要视觉条件，是她们没搞明白——

成功男人偏爱胖女人

女人的身材，是个老命题。

在人人争当清汤排骨的时代，粉蒸肉已经越来越少，全是人为的功劳。服装店里的韩版服装越来越多，窄小的尺寸绝对挑战女人的腰身，连衣服都变得挑剔，一个“瘦”字似乎代表了女人所有的美。

盈盈不足一握的纤腰，几乎成了“仙女”的代名词。更加可以理解：为何病恹恹的林黛玉如此受后世人的追捧。谁让人家瘦得可怜！

然而回到现实生活中，就不是这么回事儿了。

总有女人不服气：“看看那些成功男人，身边带出来的老婆莫不一个个四肢粗壮、五官平凡，他们难道瞎了眼，看不见我们这些窈窕美人？”

不是他们看不见，而是男人心里，女人不单单是用来看的。

古代情色小说中，常有描写挑选女人的准则：女人分中看的和中用的两类。中看不一定中用，中用不一定中看。中看的有“三宜”：宜瘦不宜肥，宜小不宜大，宜娇怯不宜强健；中用的恰好相反：宜肥不宜瘦，宜大不宜小，宜强健不宜娇怯。

这就是男人的眼光，美女是用来欣赏的，未必是用来过日子的，娶老婆也如同买家具，结实耐用是硬道理。结婚前，可以你瞧我看，结婚后，必然你拥我抱，睡在一张床上，黑暗中，谁也不想天天搂着竹竿石板硌一身骨头疼。一对夫妻一天二十四小时，除去上班，大部分时间都在床上度过，中用的确比中看来得实惠。

于是不难理解，那么多成功男士不娶窈窕美女为妻，却让相貌平凡、身材丰硕的女人相伴枕席。

除去舒服的硬道理，另一个原因则是：越是成功的男人越重视“福气”，而相学中最重要的一条就是——太瘦的女人不能聚福，骨肉丰匀才是宜夫宜家相。

有钱人亦有点儿八卦，红颜美人多薄命，是几千年的老调调了，他们信，代代信。

都说男人喜欢性感的女人，但与性感的女人比起来，男人更喜欢肉感的女人！男人也懂得这样的科学：常年节食体形消瘦的女人往往缺乏性欲。

男人不是高雅的动物，始终认为：性比爱更重要！胖上三五斤，看上去舒服，摸上去更舒服！

结婚前，可以瘦一点儿，结婚后，尽量胖一些。身体是本钱，不光老人认这样的道理，男人也是一样的。

想嫁到好男人，不一定非要让自己变得更美，可以让自己变得更畅销。

但瘦，绝对不是女人全部的畅销元素。

本堂总结：

男人说：我一辈子也搞不懂女人这物种。

女人也是一样，一辈子读不懂的是“男人”这本书。

其实，男人很易懂，十有八九的女人猜不透自己的枕边人，那仅仅是因为，对爱、对男人，女人永远抱以崇高的幻想。

总有些女人在爱的战场上屡战屡败，男人的恋爱阵法逼得她无力招架。几番挫折过后，她们会说：“我是魅力不够，还是运气不好？”

无关魅力与运气。仅仅因为：你还没有掌握异性读心术。

与男人的较量是一场智力战，他出招，你接招，他用尽奇谋，你将计就计。女人，只有知彼，才能百胜。理性地看待男人，是恋爱难题的破局关键！

从今天起，学做自己的恋爱军师！

Saturday
星期六：
勇敢面对爱情难题

恋爱是个问题。

婚姻是个问题。

在错误的时间开始正确的恋爱是个问题。

在正确的时间选择了一段错误的婚姻还是个问题。

……

人的一生，就是各式各样的问题不断纠结、缠绕，直到解决的一生。如何正确地看待和解决人生各个阶段所出现的不同问题，是一个人走顺人生路的关键。当然，作为女人，你要明白，人生中所出现的每一个“问题”，其实都是一次转折和机遇，选项A和选项B，带给你的有可能是截然不同的未来人生轨迹。

身边不少女人说：“婚姻、恋爱总有问题，但问题出现了，我却看不清楚未来的方向！”

这就是女人的情感疑难：爱的问题，也是爱的难题。局中的迷路人，谁都把握不好选择的按键器！

不过没有关系，虽然生活各有各的不同，虽然女人各有各的风采，但所有女人的爱之难题都逃不过那永恒的规律。如果你弄懂了其中的玄妙，那么无疑，爱的路上，你已经成功了一半！

情感释疑课：

解开女人一生爱的难题

现代女性99%都是忙碌的职业女性。用句实在点儿的话来讲：跟同事待在一起的时间比跟男友待在一起的时间还要长。人都说日久生情，天天待在一起，地球人和火星人也能配成一对，一种莫名的小电流，常常在办公室的男男女女间传递。当然，如果某天你突然被电到，不必第一时间为爱情的到来而欣喜或是烦恼……

办公室里，无情也暧昧

有女孩遇上了烦恼，当然，也是很多女人的普遍烦恼：办公室里恋上了男上司。

年轻女人多是行动派，为了不让自己留遗憾，她会选择告白。

当鼓足了勇气说出那句“我喜欢你”之后，他却说：“我已经有了女友。”

不过，他又说：“我愿意和你成为知己。”

从那以后，他对她表情多了些许复杂，欲拒还迎间透露着关切的信息……

于是她困惑：“我该坚持还是放弃？”

现代社会，每个人都明白“办公室恋情”的滋味，尤其女人，即便没有真的明恋过，也一定暗中动过心，这样的经历，谁都不陌生。男上司又是女人心里最敏感的词汇之一，如果恰逢这个男上司长相不太差、性格不太坏，对女员工又有那么一点儿若有若无的温柔，那无疑地——他定会成为办公室OL（白领丽人）的情路杀手！

但是女人要记住：办公室里，无情也暧昧。

男人女人只要长时间地近距离接触，荷尔蒙总有会冲动的时候，日日同一屋檐下，即便两个再不可能动情的男女，也会带了几分若有若无的暧昧，无他，只因工作太枯燥，看文件看到抓狂；生活太无聊，总是缺乏激情诱惑的强心剂；感情太空白，总是遇不到可以恋爱的男人（女人）……

于是，女人想：男上司很帅很能干，应该是不错的恋人……

于是，男人也想：女下属很干练很理智，跟爱撒娇的女友比起来应该别有一番滋味……

办公室里的情爱，多是被距离美化装裱过的情爱，看起来永远是一副动人心魄的姿态！

工作时，人人都无聊，都渴望在午倦犯困的时候来一顿下午茶，不是正餐，但足以缓解疲劳。大多数人的办公室恋情，都是这样的姿态。

办公室里的爱，说到结果，不外乎两种：随缘一点儿的，认为感觉到位了就好，爱一场、梦一场，梦醒了照旧干自己的活，就当一场春梦了无痕；执拗一点儿的，认为有感觉就要有发展，即便对方心里已经住进了别人，也要来一场改朝换代！

如果男未婚女未嫁，如果真能把他（她）的心扭转一个乾坤，那是你的胜利，赢得了整场的胜利。但是如果你没有把握取胜，如果他（她）也只是职场寂寞，那么你该想想：该不该纵容自己受一次狠狠的情伤？

办公室里的爱，浪漫，但不够结实……

办公室恋情是个问题，但一定不是个大问题，即便是个大问题，也算不上是个难题，办公室里五花八门的情感烦心事，有一样特别折磨人心——

职场恋情遭遇“少东家”

女人天生爱做梦，而且多是华丽的梦。

老板的儿子刚刚从英国留学回来，不满三十岁，一身名牌休闲装，见了女士永远笑脸烂漫，标准的嬉皮绅士相。最最重要的是——他至今单身。

办公室里的年轻女人纷纷入梦：某一天，小绅士抛来一记“电眼”，击昏少女的心，宝马车的副驾座从此只为她一人预留，打工妹，至此，变化做少夫人……

瞄准老板下手的女人是现实派，寄希望于老板儿子的女人是浪漫派。至少，前者明白大多数老板除了“正房太太”，总还需要很多“临时太太”，只要能捞到自己想要的东西，不在乎临时不临时。

后者不同，老板也许有钱，但一定不太年轻，老板也许能干，但一定没时间浪漫，老板也许成熟稳重，但已经开始谢顶……然而，这一切，老板的儿子都能弥补，花着老爸的钱，享受着自己的浪漫青春，走到哪儿都一副太子爷的派头。是女人，都享受男人的这股“味”！

生活中，事实并不一定如此。

真的有梦想成了真的幸运女孩，老板的儿子成了男朋友，她的人生快车迅速开进了转弯道，但是，转弯的感觉往往不好：她总觉得心里有什么负担，与老板的儿子交往起来出乎想象的吃力，每天约会结束的那一瞬间是最快乐的——呼，终于如释重负！

所谓的“负担”，恐怕包含的意思就是：他是少东家，我会有自卑和压力。

这不是假话，拿着人家老爸的薪水，任你多优秀的女人，都禁不住气短三分。如果说，办公室恋情是个问题的话，那办公室恋情遭遇老板的儿子，那就不仅仅是个问题，而且是个难题了！

想象中很完美的故事在现实中往往找不到依据，更多现实中的女人是在一身伤痛后同时结束了恋爱和工作，谁都无法擦干眼泪继续奋斗在伤心地，即便你愿意，你的老板出于面子也会委婉请退！

与其说，与老板儿子的恋爱是一步登天的云梯，不如说与老板儿子的恋爱是你走霉运的开端！

女人，如果可以，老板的儿子，能不爱还是不要爱的为好！

把男人当成孩子的女人活得没有自我，把自己当成男人的孩子的女人爱得没有结果，前者伤己，后者伤人，毕竟，自私的男女之爱里，不会有亲人般的忘我——

没有男人能爱你若子

但凡女人，多有恋父情结，很多人说女人一辈子最爱听的话是“我爱你”，实际不全对，女人更爱听的话是“宝贝儿，你就像我的女儿”。

当一个男人说出这句话，再强悍的女人，一颗心瞬间都会变得很柔很软，如同躺在父母怀中的安谧，女人可以拒绝男人，但拒绝不了爱。

“希望他能爱我若子。”

这是千万女人的情感误区，总以为，男友、丈夫是自己生命中最亲近的人，是自己的亲人，于是也堪比父母，在他怀里可以撒娇耍赖，可以无限纵横，当然，他要像自己的父母一般大度能容。

于是女人常常受伤，皆因：男人永远做不到你父母那样。

受过情伤的女人很委屈：那个男人心口不一，嘴上说把我当成女儿一般疼爱，实际上他一点儿奉献也做不了。

是她太天真，男人的爱和奉献并不像女人想象的那么无限宽容，更多的时候，这只是一种讨好的手段，烈爱时可以为你做连你父母都做不到的事，情浓转情薄时，他希望你能为他做他父母也做不到的事。谁都愿意享受做子女的待遇，皆因，父母的爱最安全、最不存在风险。

情爱的阵地上，总能看到执迷不悟的女人，她的一切自私、任性、无理取闹，男人都要照单全收，而且不能有丝毫怨言，唯此，才觉得你爱她、重视她！

爱情一天天被她任性地剔除出局，她还浑然不知，等到梦醒时，男人的心已离她很远很远……不是他分外薄情，只因——一个男人，被女友当成爱人是乐事，被女友当成“父母”则是辛苦事。男人吃不了这份苦。

女人，没有男人能够爱你若子，这世上唯有父母的爱可以永恒而无私，除此之外，你该时时刻刻作好接受背叛的心理准备。

当一个男人说：“宝贝儿，你就像我的女儿。”

不必太当真，即便爱情转化成亲情，他也不可能真的爱你如女，亲情也分很多种，不必对一个男人抱以“父母般爱”的奢望，否则，你会爱得很绝望！

红颜薄命，几千年的宿命老调调了。
红颜薄情，几千年的情场惯性论了。
但是，作为一个红颜，你要知道，宁肯薄情也不要薄命！

红颜薄情强过红颜薄命

该嫁给爱你的人还是你爱的人？

对女人而言，这是个永恒的难题。

站在客观的立场上，百分之八十以上的人会说：“当然要嫁给更爱我的人喽！”

原因很简单，人总有利己的想法，有一个男人宠着你、爱着你，把你当成天上、地下第一宝贝，这是每一个女人的梦想。所以很多女人总说：“如果有个男人条件相当，爱我如命，不管我爱不爱他，都要嫁给他！”

说是如此，事实却非如此。

看别人的故事可以风轻云淡、花开花落，一用到自己身上，立马犯晕。

实际上，大多数女人还是逃不开为自己所爱的男人奉献一生的命运！

很多女性读者来信：自己为了爱一个人而结婚，但又为了难以获得对方的爱而离婚。于是她们不解——“天长日久，一块石头都能焐热，为什么我就换不来他对我同等的爱情呢？”

因为，你把婚姻中的付出和回报想象得过于简单。在没有看到回报之前便投下了血本，最终的结果只能是血本无归！

女人，别想着用爱情的方式焐热一块石头。这样做的后果是，付出越多，失去越多。

一段婚姻是不是幸福，衡量的标准不是看前十年你有多爱他，而是看十年后他还能多爱你！

理想的人为爱结婚，现实的人为生活结婚，但不论有多少爱，十年之后也都成了柴米夫妻。

所以男男女女在恋爱婚姻之初会陶醉于柔情蜜意，但十年之后呢？

男人比的是谁的太太饭烧得更好，对先生更体贴、更周到；女人则是比谁的老公更疼老婆，是不是给自己买了名牌衣服珠宝首饰。

生活了一段时间之后，每个人都希望对方能够更爱自己，更懂得照顾自己。

为什么？

因为老公或者老婆更爱你，你才活得更舒服！

这是女人最简单实用的“懒人主义”，对自己多一些照顾，多一些保留。

在爱情这件事儿上，人宁可自私，不要自虐。

做女人，活得滋润比活得狂热更重要！

不要以为一个“钱”字就是女人婚姻的全部资本，更不要以为，一个女人有了钱就可以任意获得婚姻的主动权。

富家女子择偶难

有个年轻的女人，其实是个平常的女人，才华不是很出众，相貌不是很惊艳，可她偏偏不可能是个和大家一样的女人，只因为她的父亲是个亿万富翁，而她，是唯一的财产继承人。

这件事情带来的后果可想而知：每个人对于财富都是过分敏感的，贫穷的人面对财富不是过分自卑就是过分趋附。

于是她一直很不快乐。

九成以上的女人，从小就会有这样一种想法：自己要是公主多好，睁开眼睛就是梦一样的天堂！当然做公主没有钱可是不行的，所以生在有钱人家，总是女人不变的愿望。

可生在亿万富翁家里的女人也一样有烦恼，甚至比其他女人还要多。年纪小的时候不敢随便跟朋友们玩儿，怕有危险；长大后，不敢随便接受年轻异性的追求，怕这追求里面还夹杂了其他的成分。从小到大都是一个字：累。

穷人有穷人的难处，富人有富人的苦闷。穷人家的女儿穷得快乐，快乐得单纯。富人家的女儿连快乐的时候都有负担。富人家的女儿从小就只学会了要跟同一个阶层的人交朋友，从来学不会单纯的快乐。

财富面前，人人都有些疑虑。

没钱的人只会想着怎么挣钱，有钱的人要想的可就太多了！

穷人家的女儿嫁给谁都行，都一样的快乐。可富人家的女儿嫁给谁都得思量盘算，亏了还是赚了？

这世界从来就有两极，两极的人很难走进各自的世界。

所以，人类的两极一日胜过一日地明显！

富有人家生儿子是好事，毕竟这个世界里，灰姑娘是备受世人祝福的，可如果换了富家小姐的“灰公子”，恐怕争议就大了。

富家女子择偶，是个不简单的问题：嫁合适的人还是嫁喜欢的人，一直都是个令人困惑的难题！

"嫁人"这一道关卡，实在是她们最害怕通过的一站！

理想的生活应该是：不要贫穷，至少应该有足以维持安逸生活的财富；也不要太富有，钱不能多到成了负担。

这样理想的生活，即使有了桃花源也不会去羡慕了！

面对爱，女人都有私心。甚至对那些被自己拒绝的男人，也依旧会有占有的欲望……

有一种嫉妒无关爱情

"我不爱他，但是还会嫉妒他的新婚太太，为什么？"

"我不爱他，但还是不能面对他结婚的消息，为什么？"

……

面对一个曾经被自己拒绝的追求者的婚讯，常有女孩儿有类似的疑问。连她们自己也闹不明白：为什么自己的占有欲会这么强？是纯属私心还是心理不健康？

都不是，这是女人最最正常的心态。

女人都是这样，虽然拒绝了他，但仍然希望他不放弃追逐的耐性。你即便不选择他，他仍然还要围着你，缠着你，眼巴巴地期待着你赐给他一个机会。

与此同时，女人心里会盘算：也许，可以把他发展成自己的一个长期替补！

是女人都愿意享受男人的这份多情，唯此，你才觉得自己是个魅力无限的女人！

通俗点儿说，女人都希望自己不是他的、但他却是你的，你是他情感的主人，你可以操控他的喜怒哀乐。

女人的私心，很浪漫、很有趣，但也很不切合实际。

没有女人不爱情场拉锯战，她既要天长地久，亦要曾经拥有，既要死缠烂打，亦要深情款款。女人心中的理性伴侣永远都是一副脸孔：一片痴情只为你！一颗爱心死等你！

不过还是要明白，男人永远没有女人希望中的那么有韧性。

大多数男人，对一个追不到手的女人的热情，也就仅仅只能维持几个月，只要身边一有其他不错的女人出现，目标马上就会转移！

如果你想要一个一生一世的追随者，那是世间最不现实的事。

没谁有这样的魅力，可以一生一世缠绕住一个追求者的心……

有女人来信问：恋爱可以不要面包，但婚姻却必须考虑现实，贫穷的我与贫穷的男友恋爱多年，生活压力大得令我已经难以承受了。但是，让一个女人开口要“钱”，是不是太“那个”了点儿呢？

拜金女不必太多情

爱情遭遇面包危机，大多数女人会选择：撤！

不要攻击她们的薄情，因为有些女人的“安全感”来源于“爱的安定感”，有些女人的“安全感”则来源于“钱的富足感”。

女人，没有谁不想过得好一点儿，消费越来越贵，物价越来越高，生活在物质世界里，谁都逃不脱要做个物质女人。现代人，谁都无权指责谁的薄情谁的拜金，99%的人都没有兼善天下的能力，能够独善其身已经不错，这样的世界里，能照顾好自己、让自己过得好，已经是平凡人的大事一桩！

爱情中，红颜不是薄情，就是薄命。与其薄命，不如薄情！

但是，女人的心思永远是缜密的，永远祈望感情世界的和平，于是会想道：“如何说分手能够不伤害贫穷男友的自尊心呢？”

当然，名义上是顾忌男友的自尊，实际上是顾忌自己的名声：希望和平分手，更希望自己不要背负“拜金负心人”

的恶名！

女人的心口永远是不可能统一的。没有女人不爱钱，但女人爱钱的话却总是羞于出口，哪怕对方是自己最亲近的那个男人！

这并不全是女人的虚伪，世界总是有这样的惯性思维：爱钱的女人，首先自贬了三分身价！

也是世人不明了：唯物质的女人并不可耻，非物质的女人也未必高尚。

做女人，重要的是明白自己要什么！追求物质，就放胆去追，不要优柔寡断被情所缠；感情至上，那就看淡钱财，不必比较物质的得失！

最可怜又最不切合实际的女人是：既要感情也要物质，想做拜金女，又想做多情女。拿不起，放不下，拥有时抱怨嫌弃，丢掉后又恋恋不舍。这样的女人，不仅仅难得到爱，也许最后，连最初想要得到的钱，也一点儿都没抓到！

情在时恩也在，情断时义也断。如果你渴望丢掉一个男人后还能继续获得他的支持，只能说，你实在不懂爱的人情世故！

拜金女最忌讳的是“多情”，如果你不明了，那么你就很难抓到人生的胜利！瞻前顾后，注定最终人财两空！

选择爱情还是面包，都无可厚非，世人眼中的你是个什么样子，不必追究得太仔细！

二十岁和四十岁，几乎是两代人了，然而，经常有女人徘徊在婚姻的交叉口，一左一右两个男人，一个青涩，一个成熟，一个是未来的魅力先生，一个是现在的魅力先生。想结婚，该挑谁比较好呢?

二十岁的男人和四十岁的男人

有这样一句话：二十岁的男人什么都没有，二十岁的女人什么都有；四十岁的男人什么都有，但四十岁的女人什么都没有。

很多年轻女人就有这样的苦恼：爱上了四十岁的男人，他成熟、有男性魅力，多金、事业有成，懂女人心思、细致体贴。总之，二十岁女人眼中的四十岁男人统统是没有缺点的，除了——他已经结婚。想要爱他，只能站在“第三者”的位置上。

所以，二十岁女人最常成为第三者，而且是四十岁男人家庭的第三者!

其实也不是她想当第三者，而是见识了四十岁的男人之后，二十岁的男人，简直算不上男人!

一个女人，拿着二十岁的男生去比四十岁的男人，无疑，前者当然是不堪一击的。

二十岁的青涩，四十岁的成熟；二十岁的匮乏，四十岁的富足；二十岁的懵懵懂懂，四十岁的善解人心……横比竖比只比出一个结论：宁给“四十岁”当“三儿”，不给“二十岁”当“妻”！

不过，年轻女人也要明白：二十岁的女人对四十岁男人即便有爱，也掺了些崇敬的成分，有些对长辈似的敬慕。

女人逃不开四十岁男人的成熟，那是因为女人心底里总有恋父的情结；女人逃不开四十岁男人的多金，那是因为谁都有不劳而获快速进入资本生活的念头；女人逃不开四十岁男人的风度翩翩，那是因为站在这样一个成熟男人身边，真的很有面子……

不过，四十岁的男人再好，遇到这样的问题时，女人还是要在脑子里为自己描绘一下十年之后的未来：十年之后，女人不过三十几，依然年轻，有青春的活力，可你身边的那位成熟男人已经开始成熟过头，半百之人，即将步入老龄。然后，再一个十年，你四十几，他六十几……

女人啊，一段婚姻的幸福与否不在于前二十年的丰衣足食，而在于后二十年的安定富足。二十岁的女人牵一个四十岁男人的手，不是难事，但一个四十岁女人是否甘愿跟一个六十岁的老翁一起生活，这是个问题！

当然，等二十岁的女生变成了四十岁的熟女，曾经她眼中那些二十岁的青涩小男生也已经长大，值得一提的是：当他们已经成熟得风度翩翩之际，你是否能够再次拥有主动选择他们的权利？

这是个很不确定的现实。

二十岁的女人可以得到四十岁男人的心，但四十岁的女人却不可能抓住四十岁男人的爱！

有些选择，要现实，也要兼顾长远。

傍大款的女人大多为了钱。女人把这看成是发财致富最短的捷径，但真正走上了这条路时，她才真正弄懂了真相——

青春未必换得来现金

有些这样的女人：年轻、漂亮、心气儿高，都是想着三十岁之前就能够解决车子、房子、票子等一系列的生活难题，过上理想中的“高尚生活”。

这样的生活，如果不是含着金汤匙长大的豪门公子，仅凭刚出校门的“小男人”，是远远不能供应的。于是，“老男人”纷纷成了“小女人”的抢手货：做女友也好、做情人也罢，总想凭借青春美貌去换取现金。

一般人看到开头便想象结果：一个小美女掏空了一个老男人的身子和钱袋，于是，这个世界上又多了一个又老又穷的糟老头和一个又靓又款的小富婆。

中国人啊，实在太有想象力了！

现实是，生活中的故事几乎不可能朝着这个方向发展！

不论时代怎么变，女人始终要记住一个道理：所谓的“款爷”，尤其是人过中年的款爷，把财富看得比女人重要，摔摔打打这么多年过来，他们深知是什么东西让自己走到了这一步。他们把女人当成观赏鸟，不惜价钱为她梳理羽毛，绝不愿意让她锻炼翅膀——因为这样做的后果只能够让你展翅高飞，而他得不偿失。

所以有钱的老男人是大方的，但大方得自私，给你花钱的目的是为了取悦他自己。

不信试试看，假如有一天你真的做了某一个“老男人”家庭之外的女人，你会发现，他们的精明绝对真实：也许你周身不会缺乏物质享受，但手里却绝对攥不到实实在在的钞票！

他们早就盘算过养虎不能为患，养女人不是为了让她可以轻易离开——谁都知道女人傍大款是为了钱，一甩手房子、车子全给了你，你当然可以立马走人。女人一旦有足够的本钱过“正常生活”，谁还愿意躲躲藏藏背一个“小三”的恶名？

真实的现实是，男人会给情妇足以保证优裕生活的赡养费，让她衣食无忧、不思愁苦，但绝对不会一下子给她大笔的物质财富。因为给钱越多，她越会迅速地离开他。

瞧瞧身边，你见过几个因为傍大款而成为富婆的女人？！

女人是想把他们当成自己发家致富的金钥匙，而他们只把女人当成钥匙上的小挂饰，可以随时更换，毕竟，谁见过为钥匙扣花费大价钱的人呢？

选择一个什么样的男人等于选择了一种什么样的生活方式，如果女人想掌控自己的生活，最起码得能够掌控你身边的男人——要清楚地了解到他到底能够带给你什么，否则不要轻许终身！

一个年轻的女人拿着如花的青春换得几年丰厚的衣食，说到底，真是傻！

如果人活着只为一个吃穿，日子过得还有什么劲头儿？！

越来越多的人说："婚姻和爱情是两码事。"但是，女人的婚姻依旧向往爱情。不过，有时候婚姻和爱情偏偏你只能得到一样，怎么办？

先婚后爱敢不敢？

最近看了几位读者的来信，虽然信的内容不一致，烦恼却差不了太多："我爱的人不爱我怎么办？"

每次看到这样的故事，总能想到《飘》里的巴特勒：

“你不爱我没关系，但我可以先想法子得到你，然后再让你慢慢爱上我。”

在女人眼里，这样的男人叫浪漫，有了巴特勒，于是就有了无数女人先结婚后恋爱的渴望。

但如果主角换成了女人，恐怕就没有这样的胆量和气度了。毕竟这需要承担风险！

女人爱上一个男人，是全身心的渴望，彻彻底底的拥有，如果这个男人心里还有段“曾经”割舍不断，相信没有哪个女人能够心无芥蒂。

可是，你渴望得到他，又耿耿于怀他的曾经，这该怎么办？

当一个人的感情遇到了曲曲折折的复杂问题时，最好的解决办法是走直线的思维方式：要么得到他，要么放弃他。一个女人如果能够在恋爱中表现得强势，那么恋爱的方向一般也会随着她的希望前行。

先得到一个男人，再征服一个男人。

这不是鼓励女人去冒险，而是鼓励女人去争取。

他暂时还不爱你，并不表示他不会爱你，而是目前他还没有来得及爱上你。

人心是间狭窄的屋子，容不下太多的人同时进进出出。给他机会，也是给自己机会。豁达地接受一个还不太爱你的男人，是强势女人的强势勇气。

当一个女人不断地向一个男人施与爱，说明她在不断地强化他们之间的爱情。这种强化绝对不是单方面的一相情愿！当一个人习惯了这种爱，便会把这当成是自己的全部生活，当他习惯了被爱，往往也会习惯去爱。

作为女人，你可以说：“女追男，难为情。”

有趣的是：爱情和面子永远成反比！

一个人能得到多少，完全是取决于他能付出多少。

先婚后爱的模式未必不可取，只要你够胆去追！胜利终究离你不太远！

郎才女貌，天造地设，门当户对……这些才是男女间最佳的婚姻组合档。郎才女不貌，人们还可以说，这个男人有内涵、不爱美女，可若女貌郎不才，人们会说，这个女人挑老公的眼光太有问题！

实在是个难题！

女 > 男的婚姻难题

很多女人都问过同样一个问题：“老公配不上我丢人吗？”

总是这样的，女人在择偶之际，首先想到的不是自己对这个人到底爱有多深，而是对方的条件是否能跟自己匹配——如果一个男人的各项硬件、软件不能胜过女方的话，那这门婚事在人心中就是一桩不完满的婚姻。

婚姻问题上，男人善于使用排除法，将自己不喜欢的一个一个排除掉，剩下那个就是自己最爱的，即使对方条件优秀胜过自己，只要喜欢，大多数男人都会全力以赴去试一试运气。

但女人挑选婚姻伴侣喜欢用类比法："一号比二号怎么样？二号比三号又怎么样？"耗费许多时间，只是为了挑一个条件最优越的男人！

于是常有女人结婚后发现："老公样样都好，就是不把我当回事儿……"

人总是不明了：婚姻双方需要的不是等号，而是加号，一个男人加一个女人才等于一个家。

所谓的老公条件不如自己，无非几方面：或是相貌问题，或是工作收入问题，或是家庭条件问题……

女人，喜欢比较，也害怕比较。喜欢拿人比较，也害怕被人比较。很多女人不是不看好自己的婚姻，而是担心别人不看好自己的婚姻。

中国人的眼里，面子永远大于里子。

何必？

这个世界上，大多数都是看戏的人，看别人的戏总有些是非短长要评头论足。即便是嫁了首富和总统，照样还会有人说出不好听的话来。

为了别人的议论结婚不值得，若为了别人的议论离了婚就更是不值得了。

果真到了那时候，只印证了看客当初的闲语："我说他们不般配吧，果真日子过不长！"

做自己的戏，闲暇看看别人家的剧。时间久了，你习惯了，外人也习惯了。

女方 > 男方的婚姻模式不见得不好，再怎么说，在他眼里，你是块宝！

婚姻进行途中，总有些意外事件发生，比如婚外恋，不论什么样的恋情，女人总爱投以最大的真诚，于是常常被现实所伤……

婚外恋的通行法则

婚外恋中，总有女人会说："不是我不想结束这样的孽爱，但离开我，他一定会崩溃，他会去死！怎么办？总不能草菅人命吧？"

很伟大的理由，很荒谬的逻辑！

凭什么认定自己一旦离开他，他会崩溃，会死掉？

不会，绝对不会。即便你离开了他，永远走出了他的生活，对他而言，也只是暂时性的心理失落和疼痛，用不了太长的时间，他会慢慢把你掩埋到记忆的最深层，只在偶尔闲暇时回味把玩当年和你的恋爱滋味，大多数人的婚外恋，都是这样的结局：该过的日子照过，没有谁会为谁终身守节！

女人永远的爱好是比较，情人与老公，日日不停地在他们身上找寻优缺点。最终的结果永远是：老公不堪一击！

原因无他：不管多么优秀的男人，一起生活过几年，新鲜感和神秘感慢慢消磨殆尽，剩下的都是些令你不满足的缺点。恋爱时，所有恋人只看到对方的优点，婚姻中，所有的夫妻看到的都只是对方身上的缺点。即便女人冲破重重难关，离了婚，和情人开始了新生活，那也未必不是下一次“不幸婚姻”的开始——人都有一颗不满足的心，这才是婚姻不幸福的症结所在！

所以，人们总是把恋爱说成“谈恋爱”，把婚外恋说成“玩婚外恋”，一个字参透个中真意。婚外恋，说到底也只是一场游戏，如果你不幸把它当了真，那最终的输家必然是你！

作为女人，要懂得：对一个已婚男人的承诺，不必看得太重。你可以享受那种虚荣心上的满足，但一定不要鲁莽地把它排上今后的人生议事日程！

已婚的女人，不该破釜沉舟抛弃一切去换一个未知的答案。他能给予你的，你笑纳；他不能给予你的，别强求。这是婚外恋的通行法则!

不必太把自己当回事儿。谁离了谁，日子都是一样地过。你要明白，这个世界上，其实，谁都没有那么重要!

爱是排他的，婚外的爱，却往往无法做到排他。女人总希望婚外恋人也有专心一意的爱给她，但是，这也是社会性的情感难题——

偷来的爱情也有“排他性”

有遭遇了婚外恋情的女性读者来信说，婚外情人在她之外，还精心挑选有多位“高素质”的女性密友，虽然他也说她是与众不同的，但她仍然感到吃醋，她希望他能够对自己专一而终，哪怕是在婚外恋中。现在的状况令她无所适从，她问：“我该如何处理这段感情？”

婚外情是什么?

一万个人也许会有一万种答案：是罪恶，是愉悦，是自私，是背叛，是贪婪……

但同时，婚外恋，也是——爱。

既然是爱，那有爱的一方总会从心里横生出无数的占有欲，希望在尽可能大的范围内独占这个男人（女人）！所以，即便是婚外的情人，女人也希望他能以男女间对待婚姻的忠诚态度来对待婚外的感情。

我们都知道：婚姻恋爱是排他的。

但很少有人能想到：婚外恋也是排他的。

一对男女可以同时背叛家庭出外寻找刺激，但与此同时，却要求“情人”也能够为自己专一而终。

想来真是讽刺，很多人不禁问：“婚外偷情的男女有必要互相守贞吗？”

不是有没有必要的问题，而是你有没有这个资格的问题。

毕竟，仅仅有爱，不算是资格。

不接受他的贪心又能怎样？

他不会为你改变。你只是他众多女友中的一个，他说你与她们不同，那仅仅代表“你有你的特点”，但并不能否认“她们也有她们的特点”。每个女人都有各自的优点，他怎可能为了你这一棵树放弃整片森林？

如果离不开他，可以继续跟他玩这“高素质”的游戏。

当然，小心不要出界，婚外恋是女人的零食，零食绝对不能当成主食，否则于健康不利！

她问：“我该如何处理这段感情？”

要我说：“清醒点儿，别把自己当成人家老婆！”

女人最想成为什么样的女人？
漂亮的女人？性感的女人？博学的女人？事业成功的女人？
都不是，其实，女人最想成为的女人是“有男人缘的女人”。
不过，放到有些女人身上，这永远是个梦，她们自始至终都在疑惑——

为何没有男人缘

接连好几位女性朋友来诉苦：“为什么我成不了抢手的女人呢？为什么周围的男人愿意跟我成为好朋友、好哥们儿，甚至是无话不谈的知己，就是拒绝和我成为恋人？”

不可否认，世界上就是有许许多多这样的女孩子，样子不丑，脾气不坏，条件不错，就是命里的桃花总不开，男人爱跟她交往，勾肩搭背称兄道弟，但一挑起感情话题，立马把她当成绝缘体，永远不来电。

眼看着周围一个个相貌学历不如自己的女人纷纷成了幸福的小主妇，她们也哀叹：“我的春天什么时候才来到？！”

有些女人天生就是没有男人缘，再漂亮也逗引不起男人的荷尔蒙。男人们管她们叫做没有女人味的女人。

什么叫没有女人味？

也许是看恐怖片的时候两只眼睛冒出兴奋的绿光；也许是外出游玩时从不喊累，一个劲儿地冲冲冲；也许是一起吃饭时拼酒把同桌的男人拼到了桌子底下……总之，“野蛮女友”登陆中国以来，数以万计的女人找到了人生理想，誓把野蛮进行到底。

说归说，更多的女孩子缺乏男人缘，不是因为“野蛮行为”，而是因为一些性格上的问题。开朗的女孩子讨人喜欢，但只有也开朗也娇羞的女孩子才让男人迷恋。举个很简单的例子，《红楼梦》中的林黛玉毛病忒多，任性多疑又刻薄，照样迷死贾宝玉。薛宝钗样样出色，宽容大度博学广识，就是没有男人缘。

男人喜欢什么样的女人，你该明白了吧?

可以自私一点儿，但一定真实一点儿；可以任性一点儿，但一定可爱一点儿；可以成熟一点儿，但一定娇柔一点儿……

在恋爱问题上，幼稚的女人比成熟的女人抢手，善于表露自己情感的女人比善于隐藏自己情感的女人更受欢迎。别疑惑，男人就这品位。

毕竟，社会中的女人越来越强，社会中的男人越来越不自信，宝钗式的女人令人敬，但不足以招人爱。

想招男人缘，记住：做男人的妹妹，别当男人的姐姐!

也许下一季，就该你的桃花红了!

爱是一种风险投资。
每个人在恋爱之初都应该明白这样的道理——

不敢失败，别谈恋爱

“轰轰烈烈去爱，但不要承担失败的痛苦。”

几乎是每个人的恋爱理想。

想得简单，做到却难。两全其美的事往往不存在。

有女人的故事如斯：自己因为婚外恋人而离婚，离婚后却被婚外恋人抛弃，镜花水月一场空，最后只剩了一个疑问——“卑劣的坏男人，怎么偏偏让我碰上了？”

于是饱经沧桑的女人会凄然一笑：“劣质男人遍地都是，换一个，也一样差劲！”

男人，是不是都是如此卑劣？

不是的。只因为，男人女人，对待婚外恋情的态度不一样：即便是婚外恋，女人也希望从中寻找爱，一生一世的爱；而男人只希望寻求一点儿快乐，一时一刻的快乐！

所以，陷入婚外恋的女人往往难以自拔，只因对待感情问题，女人永远比男人更“入戏”！

婚外恋人背叛了你，那是理所当然的事，不要以为付出了就一定要有回报，“情人”不是“老公”，他不必为你负责！没有魄力遵守这样的规则，女人，不要轻易去碰婚外恋，因为你输不起！

人的心，本来就是一本私账，曝光以后，大多丑陋不堪。

这样的世界里，能照顾好自己，已经算是大事一件！

记住一句话：经得起失败，才能谈得起恋爱！

爱情是蜜，但如果你没有正确的爱情心态，那它就是掺了毒药的蜜。常常有人饮下了爱情的蜜毒，落下了终身的“残疾”。不得不感慨——

爱情是年轻人的毒药

曾经看过一则社会新闻：

一对青年男女，二十四五岁的年纪。多年前偶然的相遇，于是缘分从那时候开始。当然，后来也有过分手——恋爱总免不了分手。

女孩子说：“分手吧。不要拖泥带水，从此别再有瓜葛。”

男孩子痛苦，但没有因此停下继续追求的脚步，后来，在男孩子的再度追求攻势下，女孩子重新成为了他的女友……

五年后，这对男女又遭遇了分手。

男孩子说：“分手吧。五年前再次追上你，就是为了甩掉你！让你尝尝被甩的滋味！”

女孩子抬起一张惊愕痛苦的脸……

女孩子分手时的一句话，男孩记了整整五年！

越来越害怕年轻人的爱情方式：自私、自我。

以前谈恋爱讲的是：好说好散，再见依然是朋友。

现在更多年轻人的恋爱原则是：宁可我负天下人，莫让天下人负我！

谁都经不起一点点的不如意，尤其是恋爱中的年轻人。

挫折不分男女，男人女人莫不为了一个“情”字相残。媒体常有报道：年轻少女爱情不顺迁怒于情敌，毁了另一个年轻少女的美丽容颜；小伙子恋爱失败起了杀人的念头；为了与第三者共度下半生，不惜给老公碗里投毒……满纸的恐怖事件，让人不得不承认：爱情，实在是年轻人的毒药！

有年轻女子说：“男朋友跟我分手了，我好恨！不知道怎样才能解开心中这口闷气！不知道怎么才能狠狠地报复他！”

女人的恨不是没有道理。

被甩！这两个字，实在是女人最恐惧的事情。也许她早已不爱他，但是，“分手”的话，绝对不愿从对方的嘴里听到。

这就是人性，虽然说恋爱总免不了有合有分，但人人都希望“提分手”的权利只掌握在自己的手里——你可以想分就分想合就合，但对方绝对不能有任何“背弃”你的念头！

尤其80后人群，大多是独生子女，从小被宠着惯着长大，很多人根本就没有试过“被拒绝”的滋味。越年轻的人，情感问题越多，说到底，都是自己太爱自己！

年轻人，要明白，“被甩”不是对方故意让你下不来台。如果明明不爱你，却死活不跟你说“分手”，这才是恋爱中最倒霉的事！

爱情不是领导关系，而是合作关系。不要总想着自己能不能成为爱情里的第一主宰，这样的爱情态度注定了你的爱走不到善的结局。报复什么都别报复爱情，等年华渐渐老去，你会发现：如果说人生中有什么值得的、最美的记忆，那么，只有爱情……

本堂总结：

都市中，总会有数不清的爱，每一种爱又都有自身的缺陷。生活在有爱的都市，谈着有缺陷的爱，人的心难免疲惫。

爱，是最累人的负荷。然而，即便累到要死，也不忍舍弃，因为，情爱二字，即便染上了“病”，也依旧有种令人心动又心痛的美感。

女人的爱情永远执著，女人的爱情也永远难以捉摸。

爱情的摩登都市。向左？向右？这是个问题！

不必为难。只要有爱，勇敢爱，清醒爱……爱的难题，总会迎刃而解。重要的是：面对问题，女人不要先自乱了阵脚！

爱情的路，不可能永远绿灯。当红灯亮起，女人，停下来，歇歇脚，观望一下前途后路，然后告诉自己：我的人生绿灯，马上又会亮起！

七分理智三分乐观，用爱解开所有难题！

Sunday
星期日：
婚姻并非爱的迷宫

男人、女人、婚姻……很有意思的一种结合。

父母生育了你，你却不能伴他们一生；一个茫茫人海中的陌生人，牵起了你的手，从此，你跟他（她）过一世。

不过，有趣的是，即便很多婚姻门内的人，依然“婚”得糊里糊涂。他们不得不时常考虑一个问题：婚姻是什么？

当然，有无数种答案：

“婚姻是投资，一个人渐渐长大、变老，身边的亲人也会一个一个离开人世，所以，找一个人、组一个家，繁衍出自己的另一个‘亲友团’，唯此，才不会在人世间落单！”

渴望爱的人如是说。

“婚姻是利益，夫妻是一个利益结合体。只有双方都能给对方带来最大利益的时候，这个婚姻才是最稳定的。但凡那些婚姻破裂的人，皆不过是失去了利益价值的人！”

现实的人如是说。

……

不，这都不是女人心目中的答案！

刚刚结婚的女人把婚姻当成热恋生活的继续。

结婚数年的女人把婚姻看做幻灭理想的杀手。

结婚无数年的女人把婚姻当成唯一可以依赖的生活模式。

女人的婚姻心态，时时刻刻随着年龄和婚龄在变化。曾经，称赞一个人心态年轻有活力总说她是“八十岁的人十八岁的心”，但放在婚姻中，这样的心态绝对不合理，八十岁如果还眷恋十八岁的梦，不用说便可猜见你这一生婚姻的不幸福。女人，如果学不会随时随地随着各种情况变换处理婚姻问题的态度，便成为不了玩转婚姻的个中高手。

深度婚姻课：

心态决定成败

没有女人不虚荣，尤其是婚姻中的女人，无不希望那个叫“老公”的男人能成为自己一生的蓝筹股，不论时代怎么变，嫁人永远是女人“发迹”的第一选择。

女人婚姻中的虚荣心态

女人在挑选丈夫的问题上，向来是不马虎的。

老人家有句话：“女人啊，嫁给了什么样的男人，就等于嫁给了什么样的生活方式！”

关系到前途命运，没有女人敢有片刻的松懈。

不过，别以为精打细算的都能省到钱，同理，精挑细选的未必都能笑到最后！

总有已婚女人哭诉：“我当初是鬼迷心窍了吗？怎么就被这个没出息的男人给骗了！婚前他装出一副有本事的样子，可是你看看现在，一事无成！”

她们的男人很委屈：“我什么时候装了？是你，非要认定了我是未来的富翁……”

习惯了精挑细选的人，也有走眼的时候。

身边不少未婚女人，说起自己的择偶意向，很骄傲：“我不是那种贪慕虚荣的女人，我不贪图男人的钱，我只希望能找一个志趣相投的男人，在未来的生活中，和他一起去成功！”

她们的潜台词你听明白了？

“我不要求他有钱！但是要求他必须要有前途！”

是啊，不贪图眼前富贵，前提是：未来的老公一定要能给她未来的富贵！

每个女人看待婚姻都有类似的想法：老公不是现货男人就是期货男人，即便现在不发达，将来也一定会发达。几十亿人里才出一个比尔·盖茨，但每一个女人都认为自己身边的这个一定是未来的比尔·盖茨！

嘴上说“不爱慕虚荣”的女人，对虚荣最大的让步，仅限于此！

全是谬误！

不得不说：要“前途”的女人比要“钱”的女人，更苛刻！起码，一个男人的“钱”是明明白白摆在眼前的，一目了然。但一个男人的“前途”却是雾里看花分不清真假的未知结果。如果你辛辛苦苦投资的“潜力股”在开盘的那一刻掉到了跌停板，那女人在婚姻中的心态实在不可能不失衡！

绝大多数的女人都是投资失败的人。

于是，但凡女人看待自己的婚姻，概莫觉得嫁错了人，鱼目混成了珠！

女人，要学着明白：这个世界里，成功的人只占极少数，不成功的人占大多数。1%的人开宝马，99%的人在挤公交车乘地铁！

那些在“期货男人和现货男人”中间挣扎的女人该醒醒了，这世上更多的男人既非“现货”也非“期货”，而是那些也许一辈子都销路不畅的积压货。

这就是现实！

所以，一个女人一辈子的努力方向应该是：如何跟一个平庸的男人一起把自己的平庸生活过得有声有色。

做一个太太，如果学不会面对平凡生活、平凡人，那就注定了一生的痛苦！

每个女人在择偶问题上，都无可避免地受到父亲的影响。有的是“恋父”，有的是“怨父”，有的希望和母亲一样嫁得贤夫，有的则祈求不要重复母亲婚姻不幸的老路。但是，生活中，常常有这样的现象，儿女的婚姻往往走上父母婚姻的旧路，于是有些人说，这就是宿命。其实不是，只不过是女人把男人逼得太紧。

不要靠老公去成功

先说个真实故事。

世人眼中，荔子的父亲不是个大男人。身为一家之主，肩不能扛手不能提，不事经营不懂赚钱，一天到晚为鸡毛蒜皮的小事跟邻里吵吵闹闹混日子。家里家外，全靠荔子母亲一个人操劳，免不了委屈和怨言：“女人，得嫁对人！荔子啊，长大后，你可千万别走妈妈的老路！”

荔子记住了：嫁人，不能嫁无能的男人！

荔子长大了，也到了嫁人的年纪。四平八稳的恋爱交往之后，荔子嫁给了这个本分的男人。荔子的老公是教师，平稳的工作，平凡的收入。没有惊天动地的抱负，只有一颗平凡男人的平常心。

当然，这颗平常心，作为他的妻子，荔子是不满足的。

荔子有她的想法：“我妈一辈子活得憋气，根本原因就是嫁给了一个没出息的男人！我不希望你像我爸爸一样懦弱无能！我不希望我像妈妈一样郁郁终生！”

在外边，荔子的老公是教师，在家里，荔子是老公的教师。理财课、励志课、兴趣激励课……荔子每天下班回家都不厌其烦给老公灌输各式各样的“成功学”。

她坚信那句话：每一个成功男人的背后都有一个女人，而大多数成功男人背后的这个女人都是靠鼓励促使他成功的！

荔子很有耐心地期待着老公的成功，但几年的婚姻生活下来，不仅没看到任何成功的迹象，老公却越来越委靡不振了！在妻子所有温柔及不温柔的激励下，荔子的老公患上了抑郁症！

求医问药，没有结果。

家，成了这个男人最恐惧的地方。白天在外，他勉强可以维持正常的仪态；天一黑，回到家，便如万箭穿心般抓狂，恨不得以头撞墙，撞个头破血流！

荔子震惊，但也委屈：难道我错了吗？男人不就该有出息有本事吗？

荔子的婚姻又走上了父母婚姻不幸福的老路，甚至有过之而无不及。她寄予全部希望的男人最终还是没能令她满意。这是一个女人一辈子都解不开的心里疙瘩！

故事的最终，荔子远走他乡，而荔子的老公，住进了精神病医院……

这是个令人生憾的故事，不得不感慨婚姻的残酷：母亲遇到了一个撑不起家的男人，在家庭的阴影之下，女儿最终也走上了婚姻的绝路。

生活中，人们常说："儿女的婚姻是父母婚姻的翻版。"

有些宿命，也有些荒谬，但生活中屡屡应验。于是，常有些父母婚姻不顺的女人忧心："这是不是命运的魔咒？"

当然不是魔咒。仅仅是人的一种心理惯性。

就如同荔子的婚姻，如果不时时刻刻把老公拿来跟父亲作参照，不时时刻刻逼迫老公要进取要努力要成功，那么，荔子的小家庭，至今依然会是平凡和乐的一家人。但是，越是出身平凡的女人越有着强烈的好胜心：不能再走父母的老路，不能让孩子再过我小时候过的贫乏生活，不能让我的后半生和前半生一样暗淡无光……

于是，老公，是千千万万如荔子一般的女人，改变命运的最佳人选！她要成功的生活，但她没有勇气和能力去追求成功，必然地，她把成功的希望全部寄托在了这个名叫“老公”的男人身上！

做个男人，难！

做个成功男人，难！

做个太太所期望的成功男人，难上加难！

女人啊，柔弱的外表下，往往有一颗刀子般的心！

老公不是女人的“灯神”，不可能要求他满足你所有的愿望。只有不让老公感到绝望，你的婚姻才有希望！

不要逼老公去成功，如果想要成功的生活，请靠自己去争取！

女人，在婚姻问题上常常有超乎寻常的叛逆。父母看好的男人我偏不爱，父母反对的男人我偏要嫁。在用执拗完成了终身大事之后，很多女人忽而发现：原来自己的选择，不见得那么正确！

唉，后悔也晚了……

女人都有婚姻叛逆期

老百姓眼里，王宝钏是个贞女，实际上，王宝钏是个猛女。不信你看看王宝钏的另类人生路就一眼明了：那个时代，别的女人结婚是“父母之命媒妁之言”，她嫁人非要搞什么“抛绣球招亲”，不赌才貌赌运气！够猛！身为宰相女儿，她的两个姐姐莫不嫁入豪门，偏她运气不好，一颗绣球单打中了穷小子薛平贵，进而不惜与父母断绝关系，执意嫁入寒窑！由此可见，王宝钏还是个很任性的女人。当然，这就是豪门千金的共性了——宁愿吃苦受罪，也不愿低头认罪。

女人面对婚姻，也有叛逆期：越是父母反对的男人，她越要嫁；父母的反对情绪越高涨，她嫁得速度越快！什么矜持淑女，什么豪门娇女，到了这会儿，全变成了一个个脑袋发热急着“拉郎配”的弱智女！

男人说：“我配不上你，真的！”

她会说：“我爱你，这就是最般配的条件！”

男人说：“我养不起你，真的！”

她会说：“我不要你养，跟你结婚我宁愿吃糠咽菜！”

男人说：“我一辈子也许都会像这样没出息，真的！”

她会说：“不会的，我相信以你的能力一定能成功，肯定能让我那势利眼的爹妈跌破眼镜！”

……

理所当然地，穷小子只能娶娇小姐。一个女人的身段低到了这步田地，没有男人不接招！

完全可以肯定的是：王宝钏执意嫁给薛平贵，正是女人婚姻叛逆期的明显表征。

后来的故事大家就很清楚了：小薛太穷，穷到养不起老婆，只好背井离乡外出打工，而且一去十八年。这其间，薛平贵淘金成功成了番邦驸马爷，王宝钏年华老去成了寒窑弃妇……

虽然相隔千年，但薛平贵与王宝钏的故事，放在今天依然能够复制出千千万。

生活中，总有女人哭诉："你说他还算是男人吗？当年他穷光蛋一个，我不惜跟爹妈断绝关系也要跟他结婚！可现在呢？他有钱了，不但不懂得知恩图报，反倒一脚把我踢开，要再娶个小的！他对得起我吗？"

不过，她们的老公不这么认为："这能怨我吗？我跟你根本没有爱情，当初是你死气白赖要嫁给我，你把我当成了反抗父母管制的牺牲品，要我用成功来证明你的英明眼光！说到底，你才是最自私的人！"

男人、女人的思维，天与壤的差别！

你得承认，王宝钏要嫁穷小子，也是因为枯燥和无聊，天天一样的锦衣玉食，让窝头咸菜变得格外美味；天天公子哥儿相伴左右，让穷小子显得格外有性格！于是女人不免会想：嫁给他，一定别有意趣！

当然，王宝钏式的女人，如果你选择了薛平贵这样门第悬殊的赤贫族做终身伴侣，一定要想清楚一件事：抛弃亲人、抛弃富贵，你究竟想换回些什么？

历史上，王宝钏最终被薛平贵迎出寒窑，重新迈入了豪门。但重新过上贵妇生活的王宝钏却仅仅只活了十八天，死因不详。也是，敢与公主共享一个老公，而且你还是原配，摆明着找死！

十八年的等待换来十八天的风光——王宝钏活得不值，死得更不值！

作为女人，不要去学王宝钏，除非这个男人真的够情意，值得你如此大的付出。否则，在大多数俗男、庸男眼里，一个女人愿意抛弃父母、抛弃尊贵、抛弃优越的物质生活，跟一个穷光蛋过日子，只说明了一件事：这个女人，贱！

千千万万个“王宝钏”用自己的现身说法证明了：用婚姻来反抗父母的女人只会失去更多。

如果你不明白这个道理，那未来的婚姻里，是有好多弯路要走的！

女人都想嫁富翁，女人都怕嫁负翁。

有些男人，看起来很款，就是让你分不清他是“富”还是“负”，引无数认不清真相的女人前赴后继，等到尘埃落定，有人才惊觉——

想嫁富翁，错嫁了负翁

身边有这样的女孩子，自小漂亮，家境小康，功课之外，学过舞蹈，练过歌喉，十八岁开始穿高跟鞋，挺着脊背扬起下巴，无论冬夏，皆是一副公主模样！

周围千般景色万般人，莫不在她的俯视之下。

众人不喜欢她，没有关系，她的眼中压根儿也没有众人！

她的心里早已认定：不必多惹俗流，自己就是为了高尚生活而生的！

女人的高尚生活有很多内容：品红酒，喝咖啡，穿普拉达，过会员生活……

当然，这所有的内容，多赖于一个“高尚男人”，嫁人，即便到了21世纪，依旧是女人发财致富迈入上流社会的最佳选择！

很适时地，一个这样的男人出现在了她的身边：三十五六岁的年纪，独立经营一家公司，开着中档轿车，住着大三居的精装商品房……

这一次，她暗暗告诉自己：机会不常来，错过了，不知又该几多春秋的等待……

狠心断掉了大学时青梅竹马的恋人，打工仔如何能跟总经理相抗衡？后者的拥有比前者多几个倍数！

高傲的公主仰望上流社会的门槛，使出浑身的美丽和高贵，终于如愿以偿，迈了进去！

夙愿得偿？

不。是落入了圈套！

新婚之后，真相一一揭开：是独立经营一家公司不错，只不过开业三年一直还是赤字经营；是大三居的精装商品房不错，只不过刚刚付了首付，每个月高额的月供压得他愁眉不展；开中档轿车也不错，只不过那是为了撑门面不得已而买进的唯一奢侈品。

三十五六岁的男人，不是富翁，而是负翁。

这个世界，有时候滑稽得令人恐惧。

淑女也有歇斯底里的时候，有生以来，唯一一次不顾形象地痛哭流涕！

她指认他是骗子！

他却一脸坦然：唯有居心叵测的人才会上当！

她顿时无语。

众人看足了她的笑话，没有一个人同情她的遭遇。

女人，因愚蠢的势利心而犯的错，没人会可怜你！

女人说："女人生来就是要嫁人的。"
想结婚的女人说："女人生来就是为了要嫁人的。"
想结婚想疯了的女人说："女人可以为了嫁人而生，为了嫁不出去而死！"
结婚，是女人一直在不断提醒自己遵守，却又没搞明白的生活规矩。当然，结婚的理由有千万种，女人的结婚理由，其中很大一条也是因为——

结婚是因为女人的不自信

中国人的家庭观念历来就强，一个人没有结婚始终算不上完整意义上的成年人。尤其是女人，依旧认为：学历、相貌、能力等优秀素质，也只是女人获取风光婚姻的筹码，嫁得好始终是摆在第一位的！

这样的观点不是普通女人才有，很多外人眼里的女强人也是如此。

出席一些活动时，台前，不少所谓高知白领、女中强人一副慷慨模样，呼吁女人要自主自立、自尊自强，到了台后，三五人一堆，讨论的依旧是如何花男人的钱，如何嫁有钱的老公。

甚是杀风景！

婚姻的功用性，成全了女人的惰性。

不可否认，很多女人结婚，很大一个原因是迫于经济压力：房子很贵，物价很高，一个人过日子有点儿艰难，两个人搭伙过可分担不少压力。

中国人自始至终都有这样的心理习惯：男人比女人赚钱多是天经地义。

嫁了人，把负担扔给男人，过得不好是男人没本事，不能承担起一个家庭；过得好了是女人自己有眼光，选对了终身饭票。

女人，始终是对的。

在婚姻这件事情里，男人一次又一次地充当了冤大头，结结实实当了老婆的战利品。

身边总有女孩儿一出大学校门便匆匆嫁人，当然，你别以为婚姻有这么大的吸引力，女人年纪轻轻便甘愿献身，皆因为她们的老公都有着丰厚的荷包，足供一世的小康。

婚姻，对于女人，有时是一种生活手段。

总有女人感慨："怎么办？去年拖今年，今年拖明年，眼看就要嫁不出去了！"

不必懊恼。

你也要明白：越不自信的女人越想早早迈进结婚礼堂，她们的幸福生活往往不在自己手里，而需要他人的协助才能实现。

男女平等宣扬了几十年，没有实现，只因为女人自己不想平等。

吃着别人的结婚喜宴，不必感慨自身，也该自豪：不结婚，也是你够自信！

婚姻中的人常常闹笑话，但婚姻绝对不是个笑话。如果你不拿出一百二十分的专注度，很难搞懂这盘棋。从曾经的“赖女愁嫁”到现如今的“好女愁嫁”，婚姻之烦，真是各有各的五花八门。

男人愁娶　女人愁嫁

过去，人们常说：好女不愁嫁。

到了今天，变了，人们开始说：赖女不愁嫁。

这不是玩笑话。别看很多女人工作下岗，饭碗晃荡，样样不精通，可一到了谈婚论嫁，反倒都成了抢手货。相反，那些名校毕业，公司高管，上得厅堂下得厨房的女人却二十拖到三十，三十拖到三十后，想嫁总也嫁不出去。

这世道怎么了？男人怎么了？

不必讶异！

古往今来，敢娶武则天做老婆的也只有皇帝本人，大多数男人都仅是有魄力在茶余饭后对人家的老婆指指点点，过过嘴瘾。不是男人不自信，是几千年的传统养成的习惯。试想，一个家里，老婆又会烧饭又会挣钱，出门应酬比男人还能干，做老公的怎能没有危机感？

所以，“家有牛妻更旺夫”，说这话的男人要么够成功，要么够娱乐。

一个强男人遇到一个强女人是强强联合、夫唱妇随，一个弱男人遇到一个强女人却不得不考虑一个问题：“我，是不是得给她端洗脚水？”

男人啊，总是缺乏那么一点点自信心，尤其在面对女人的时候。

一个平凡男人去追女强人，世人眼里难免有“傍富”之嫌——“傍富婆”的男人是赖皮，“养白脸”的女人是傻气。舌头底下压死人，谁都想活出个性，但谁也不愿做个世人眼中真正的异类！

于是乎，女强人即便愁嫁，眼睛也是始终不肯俯视的！

女强人说：“世上的男人，不是不够成功就是不够有型，我该嫁给谁？”

男人们说：“世上的女人，不是不够能干就是太过能干，娶谁都有遗憾！”

女人愁嫁，男人愁娶，这一直是个问题！

"执子之手，与子偕老。"这是描述婚姻最动人的一句话。
手，是婚姻的重要象征。
但是，作为柴米夫妻，你也要明白：执子之手与子偕老的夫妻未必都是爱得如火如荼的爱侣。更多的人，在婚姻中，寻找到的是一种亲情。

婚姻不必有爱情

中国夫妻，最喜欢的事是在人前秀恩爱。尤其女人，不论小媳妇还是老婆婆，莫不希望身边的老公永远像热恋时的激情男。

"我老公真像孩子，一天到晚'我爱你'不离口，肉麻死了！"

"我老公更夸张，明明结婚十几年了，可还一口一个'宝贝儿'地叫！你不让他叫吧，他就说'你不爱我了！'真拿他没法子！"

"我老公也是，一到节日、纪念日一概送上九十九朵玫瑰花，其实一点儿必要都没有！过日子，多浪费啊！"

虽然是抱怨，每个女人的脸上都笑意嫣然，幸福的眉梢眼角都能滴出蜜来！

作为旁观看客，一定不要百分之百地相信她们的话，因为，"伴侣如此浪漫多情的爱"，往往是人为地满足虚荣心而自我虚构出来的！中国式夫妻概莫如此：关起门来人人都抱怨伴侣的薄情，出门以后，又人人一副幸福表情！

原因就在于：不论男人、女人，始终认为，如果婚姻中没有了爱情，那会显得很丢脸！

不过，也有异类的。比如成龙。从不刻意去描摹世人眼中的婚姻完满，面对媒体，他语出惊人：我和林凤娇没有爱情，只是一种亲情……

成龙第一次说出这样的话时，硬生生地激起了不少观众的目瞪口呆：怎么可能？成龙怎么可能说出这样的话？这样美的太太，这样美满的家庭，这样般配的“龙凤配”夫妻，这个男人未免也太不知足了吧！

当然，我相信成龙这话百分之百的真诚，也佩服成龙百分之百的勇气。

细看生活中的芸芸众生，有成龙一般想法的男人、女人比比皆是，但面对旁人的眼光，他们会拥紧了彼此，笑着说：“我们相爱一生一世！”

这才是十足的谎话。爱情是一分钟之内产生的化学反应，它所能维持的时间限度仅仅一年而已。冷眼旁观，世上敢于为恋人作牺牲的男女，多是还没有走出“爱情有效期”的热恋男女。等一年之后，你再看看，随着时间的推移，爱的温度也会越来越低……

作为女人，如果你希望一个男人爱你一生，那是幻想；如果你要求一个男人宠你一世，那是奢求。

当婚姻中的爱情转化为亲情，人人都该学着以亲人的心态接受伴侣的亲情！

“执子之手，与子偕老。”这是描述婚姻最动人的一句话。当然，大多数人把这理解为爱情的永恒，不过，实际上这是一种亲情的体悟：这世上，能称之为永恒的，绝对不是爱情。唯有亲人之爱，可以天长地久！

如果你身边的老公对外人说：“我爱我的太太，如同爱我的姐妹。”

一定不要生气。这是个男人，是个真实的男人。他有诚意携着你的手，走完一生的路。

女人，如果能明了这样的道理，那就能以最平和的心态对待婚姻中的风风雨雨。

毕竟，婚姻不必有爱情。只要有亲人般的体贴，日子一样过得舒服！

如果有人愿意花一大笔钱买你身边的伴侣，你卖不卖？
百分之百你会卖！只要价钱合理！
你要清醒地认识到：面对金钱，无论是爱情还是婚姻，统统可以交换。

爱的道德敌不过钱的诱惑

曾经有一位哲人做过一个实验：

他问两个男人："如果有人出100元买你们的爱妻，你们是否愿意？"

两人都摇头。

他又问道："如果出100万呢？"

其中一个点点头。

他继续问道："100亿呢？"

结果另一个人也点了头。

100元的价格上，两个男人都是道德的，100万时一个男人走向了不道德，100亿时另一个也下了水。

罗素说过：人之所以有道德，是因为受的诱惑太少。

以这个道理来看，人们在结婚典礼上的誓言都成了谎话，"即使贫穷疾病都不离不弃"趁早改成"即便美元、欧元也不离不弃"！

社会规范往往是凭借道德建立的，但是道德在强大的欲望面前又显得不堪一击。所以，如果一个男人的老婆能卖100亿，他会毫不犹豫地出手。周围的人不仅不会对此有任何的微词，而且会羡慕他的好运气，感叹："为什么我的老婆不值100亿？"

面对金钱，爱情是伟大的，面对巨额金钱，爱情是可以交换的。

那些傍大款、傍富婆的男男女女面对世人的指责终于可以释然了："你们没有违反道德，只是因为愿意跟你们交换的财富不够诱人！"

每个人心里都有恶的一面。但是幸好，世间没有那么多机会让你施展。

毕竟，谁的老婆能值100亿？！

人是最有趣的物种，尤其是在“闹离婚”的时候。当然，你不要以为闹离婚的人就一定会离婚，事实证明，绝大多数人的“闹离婚”，重在“闹”，而非“离婚”，所以，有些人天天在闹离婚，可是一辈子下来，一次婚也没有离过，这就是——

有趣的“离婚”伎俩

但凡夫妻，很少有人没说过“离婚”二字的。尤其女人，说“离婚”如同说“肚饿”，是可以脱口而出不假思索的。

老公办了不合老婆心意的蠢事，老婆冲口就是：离婚！

老公花心招摇在外风流快活，老婆依然大喊：离婚！坚决离婚！

如同那句俗得有点儿没品的老话：会叫的狗不咬人！

常喊“离婚”的女人也一定离不了婚。

在中国，离婚不能被称为简单的“手续”，而要被称为一场“大战”。这场战争从头打到尾，耗时耗力，最终也未必有结果，大多数人的离婚大战最终还是得回到起点：婚没离下来，曾经闹得不可开交的两口子还得继续着和从前一样的日子。

很多男人不理解老婆："闹着要离婚的是你，到最后死活不离的也是你，你到底想要怎么样？"

做女人的往往讳莫如深："我就是不让你好过。给你长点儿记性！"

时过境迁，说这话时，女人的心态已然平和许多了。

男人，你要知道：女人说离婚不代表真的想离婚。

"离婚"二字的潜台词往往是：快点儿认错吧，快点儿忏悔吧，快点儿保证和那个女人一刀两断吧……

遗憾的是，所有的男人都误解了老婆说"离婚"的真正含义，一提到离婚，男人马上想到了上法庭、分财产、孩子归谁抚养、如何向婚外恋的情人报告这个消息……

男人的想法都是直线条的，他们往往无法了解曲线条女人的想法。所以，男人女人永远过不到一块儿去，即便生活了一辈子，始终搞不懂对方是个什么样的人！

男人女人，各有各的绝招，如同高手遇到了高手，这是真正精彩的婚姻。

所以很多人纳闷儿：看那两口子，打打闹闹一辈子，还是没有离！

当然不会离。英雄惜英雄，高手如何能让高手溜走呢？

才子佳人，郎才女貌，这才是中国人心目中的天作之合。如果俗女人配上了雅男人，离了婚，众人会说“理所当然”，不离婚，众人会说“雅人有雅量”，似乎，一个没有文化没有美貌的老婆，是男人出轨最正常的理由。

婚外情男人都爱丑化自己的老婆

很多介入已婚男人生活的女人并不以此为耻，原因很直接：“他是名牌大学毕业的高才生、外企高管、月薪过万，而他的老婆只是初中文化粗俗不堪下岗在家的中年妇女……”

弦外之音：“这样的婚姻，早该换人！”

林语堂的《京华烟云》里，曾荪亚婚外恋爱上了女学生曹丽华，他编织出的理由是“自己的老婆是个‘又老又丑的乡下女人’”，于是他婚外恋得理所当然！但当曹丽华见到了雍容华贵、魅力非凡的曾太太姚木兰时，忽然羞愧了，原因是：她实在太美，美得让自己存在得无地自容。

都是这样，在很多人眼里，条件不相当的夫妻是不道德的，是可以任由“第三者”拆散的。所以很多聪明漂亮的女人自信满满：“我可以等他，直到他离婚为止！”

这世上，怀揣着梦想上路的“小三”越来越多，上路后，梦断情伤的“小三”也越来越多。一番情欲争斗后，女人纷纷指骂男人的懦弱：“跟那样的女人也能将就一辈子，没品又没胆！”

其实，莫不是女人自以为是的错觉。

如果，你认为没有才学的女人就一定没有爱，那是大错。

如果，你认为没有才学的女人就一定不值得男人爱，那是错上加错。

如果，你认为没有才学的女人就一定拢不住老公的心，则是大错特错。

世上“婚姻不幸”的男人比比皆是，去到酒吧间，每一个稍经岁月的男人脸上都写满了无人喝彩的孤独与落寞，这时候，女人上前搭话，男人无一例外会说：“唉，知音难觅，弦断有谁听？”也是无一例外地，女人入了他的圈套：“有我，自此，你不再孤独。”

都市里，每夜都在上演这样的婚外剧，只不过，这样的戏码里，女人比男人更入戏！皆因，女人，实在还不了解真实的男人！

情人和妻子，给予男人不同的爱。

作为情人，跟他有爱，有共同语言；作为妻子，跟他有婚姻，有孩子，有共同的生活经历。对于他，做情人的女人只能说出他是名牌大学毕业，月薪过万，职业高管；可作为妻子的她却能说出他一顿吃几碗饭，睡前爱不爱刷牙，早上爱不爱赖床，看电视喜欢坐着还是躺着……

情人爱他，妻子疼他，是男人的齐人之福，若只能二选一，多数人会选后者。皆因，爱和疼是感情的两种境界，男人情愿放弃一个爱自己的女人，也不愿意放弃一个疼自己的女人，因后者能让他的日子过得更舒服。

所以，这世上很多男人即便口口声声坚称跟老婆没有“共同语言”，也一直在离婚问题上躲躲闪闪，那是因为，对于自己的婚姻，他并没有完全失望。

不是这个男人格外擅长骗术。每个男人在婚外恋中都极力鼓吹自己婚姻的不幸：老婆愚钝、没文化、没感情、没共同语言。

全是正常的心理现象。

婚姻不可能满足一个人所有的情爱梦想，即便换了姚木兰这样的京城第一才女，曾荪亚的心依然蠢蠢欲动，男人的一颗贪心，亘古不变。

男人可以诉苦，女人却不能照单全信。不想让他因为认识了你而后悔，别对他抱以太多婚姻的期望。这场三个人的婚外剧里，你才是唯一的配角。毕竟，才子和俗女的婚姻未必不能天长地久……

不是每个人都能获得理想婚姻。这是个事实。当然，不能获得理想婚姻不代表就一定要放弃婚姻，女人虽然理想化，但是她也明白——

婚姻仅仅是女人的生活策略

生活中，常常可见到这样的夫妻：不是相爱，而是相怨。婚姻在他们眼中是绝望的代名词。

不要以为他们日日在闹离婚大战，相反，他们的脑子里，甚至从来没有动过“离婚”的念头！

这就是现实人的现实人生：婚姻生活仅仅是一种生活策略——虽然不满意，但也离不开。

大多数人的婚姻现状皆是如此。即便那些婚前爱得如胶似漆蜜里调油的男女到了婚姻之中，也依旧会感到绝望。

只因，感情并不是恒久不变的。

男人、女人都明白这个道理，于是宁愿在绝望的婚姻里绝望地生活，也不愿意摆脱绝望重新上路找寻希望，谁让婚姻仅仅是一种生活策略：房子只有一套，离了婚住哪儿？孩子还小，跟爹好还是跟妈好？好男人不好找，下一个没准儿还不如这一个……

百般比较之后，只得出一个结论：凑合着过吧……

凑合着过日子的女人比那些敢于重新洗牌婚姻的女人更要有勇气，因为后者的离婚再嫁只需要经历一小段时间的磨合，而前者凑合着过令自己绝望的婚姻却要忍受下半辈子的煎熬……

很多有类似婚姻问题的女人很苦恼：“不想离婚，但又渴望和谐婚姻，怎么办？”

很简单：那就和他一起慢慢变老，等你们老得哪儿也去不了，自然就会变成彼此手心里的宝，因为，老年人不再有选择的余地，也不再有选择的心思……

很难说得清这是不是喜剧的结局，唯一可以肯定的是，大多数的夫妻都在这么过……

所有人都认同这样的观点：结婚可以是儿戏，但离婚不能是儿戏。
结婚时大家是两个不相干的人无所挂牵地凑到一起过日子，离婚时却是一个完整的家庭要生生劈成两半。尤其枕边的那个人，你即便恨他，但是也离不开他，因为——

爱人是你的另一段生命

生活剧中常有这样的桥段：一个女人，衣着邋遢，没有文化，事业无成，人到中年遭遇婚姻危机，丈夫死活要离婚，她想尽一切办法死缠烂打坚决不离。一个女人的离婚大战拖到最后，突然被查出患了绝症，从此后，所有争执都烟消云散，曾经背叛她的老公浪子回头，陪她走完最后的人生……

电视剧总要有个美满的结局，否则影响收视率，所以出轨的老公必须回头，但如何回头却是个问题。于是，死亡变成了最好的理由。其实谁都知道，老公出轨闹离婚，又正好赶上老婆身患绝症时日无多，这样的事儿，生活中并不常见。

由此，想到了社会中千千万万的中年女人，四十岁，是一道坎儿，女人不再年轻，但男人却正有魅力，孩子面临着一级一级的升学，父母公婆到了多病之秋，女人，如何能在四十岁活得从容自如，真是一门大学问！

见过不少夫妻，两口子摔摔打打半辈子，一到中年，一方查出了癌症。从此，家中算是天下太平了，打也不打了，闹也不闹了，两口子齐心协力共抗癌细胞，一分一秒地拉长已然不多的时光！

早知今日何必当初！

绝症真比什么参禅悟道都管用，一旦沾上了它，任何人都豁然开朗了！悟了！毕竟，比离婚更可怕的是死亡，不管之前如何反目成仇，真到了生死离别之时，无人不暗发恻隐之心。

爱人离开了，带走了你的一段悲欢离合，从此以后，世界上不再有那么一个人，不再有那么一段经历。你遗失了一段人生，回首从前，不再有人知晓……

留住能留住的人，就是留住能留住的人生。

爱人是你的另一段生命，唯有他（她），见证过你的爱，独一无二的爱……

一个男人在家里是不是沉默寡言，看他的太太便知道了。一个口若悬河的女人必然造就出一个天聋地哑的男人，谁让你把话讲完了。可是婚姻中的女人不明白这样的道理，一味地纳闷："老公怎么不爱答理我？"其实很简单，想让老公开口——

女人要学会"闭嘴"

两个女人拉家常，十有八九会扯到老公身上。

一个会说："我老公在外头跟人家有没完没了的话讲，可一回到家，变得跟哑巴差不多。"

另一个百分之百有同感："可不是吗，我老公在家里也是金口玉言，听他讲话比听皇帝讲话还难！"

于是，女人得出一个结论：所有男人，一回到家里，统统变得爱沉默！

其实，这是个错误的结论。

男人也有一种心态：渴望倾诉欲，渴望能够有一个女人在夜半无人时听听自己的唠叨。

但更多的时候，女人不给男人这样的机会。

凡是女人，没有不喜欢讲话的，即便在外不善言谈的女人也爱对着自己心爱的人讲点儿八卦新闻口水账，人刚一进门，先忙着汇报一天的见闻：小张挨骂了，老王升迁了，大李这月的奖金比自己多了十块半，隔壁间的莉莉吃饭时洒了小美一身的鸡蛋汤……但很少有女人能注意到，自己在说这些话的同时，老公脸上有多么的不耐烦。当然就更不知道，此刻他的心里也正有无数的话想跟你讲讲，只可惜，等你唠叨完自己的“每日新闻”以后，他的脑子里也只剩下“再见”的结束字幕了。

当老婆的抱怨：他在外面跟谁都能聊能侃，那幽默劲儿不输给李咏、崔永元，怎么一回到家嘴上就像贴了封条似的，难道我就这么招他烦吗？

不是你招他烦，而是你想想：自己给过他开口的机会吗？

现如今，什么人都追求一个“共同语言”，什么叫共同语言？大多数人理解为有共同的兴趣爱好，话能说到一块儿去。其实都不是，对于大多数男女而言，能有同等的说话机会，就算是婚姻中的共同语言！

婚姻需要男女双方共同的参与感，但更多的女人喜欢把自己设定成演员，把丈夫看成是观众，自己在婚姻的舞台上任情任性地挥洒淋漓，也总想把最令人愉悦的演出带给他。但再热闹的戏也是别人的戏，看久了，总有在台下睡着的时候。不是他冷漠，而是你没有给过他一个参与的机会！

女人过旺的倾诉欲会压制男人的倾诉欲，就好比台上的一对主持搭档，一方太能讲，另一方肯定没话可讲，时间有限，精力有限，你又把所有的话都讲干净了，对方只好以沉默来对应。看看周围，一对夫妻，如果一方是话痨，另一方必定沉默寡言。女人爱上一个男人，既是要把心都掏给他看，也是要把话都讲给他听，女人总希望能以言语获得对方的认同，但实际上却是用言语堵上了老公的嘴。

越来越多的男人渴望“红颜知己”的滋润，因为在情人身边，他可以有自我倾诉的机会！别抱怨狐狸精勾走了你老公，想要留住男人，至少先学会给他一个讲话的机会！

如果你困惑：如何才能撬开老公的嘴？

很简单，只要记住两个字：闭嘴！

古人讲：夫是天。

今人讲：老公是你生命的另一半。

都不是女人想要的答案。其实——

男人是女人的衣服

三国时候的刘备算是女性文化研究史的一个重要人物，因为他说过一句著名的话：“兄弟如手足，妻子如衣服。”只这一句，足以奠定他在历代女人心目中的反面地位。

身为男人，刘备了解男人，但并不了解女人。说穿了，男人对于女人而言，又何尝不是一件衣服？

这样的年代里，女人往往比男人有优越感：“反正男人总比女人多，只要不是梦想着找巴菲特、周杰伦当老公，一般情况下不会有嫁不出去的可能性。”

面对婚姻，女人可以挑三拣四，男人却不行。

男人除非特别优秀、事业有成或是相貌英俊，否则很难有漂亮女人紧随其左右。

但女人不同，不漂亮也许很可爱，不可爱也许很开朗，不开朗也许很勤快，只要是个女人，就总有些优点令人欣赏。在婚姻的选择上，大部分的年轻女人越来越占有明显优势。

于是，越来越多的女人开始把老公当成自己衣橱里最最喜爱的那件衣服，是自己珍爱的，但也只是一件衣服。挂在衣橱里，会觉得满足、自豪、有成就感，如果失去了，也只是难过而已，不必生死相许。

有人说这样的社会简直太不像话，连女人都变得不再痴情。

可这对女人来说不是坏事。爱是让自己幸福和快乐的事，不需要给自己太多压力。

这不是无情，而是现实，不信你看，那些因离婚而备受打击的女人，总是些太把男人当回事儿的女人。

女人，只有适当地“无情”，才能在与男人的游戏中不受伤害！

没有必要把男人当成生命和生活的全部，除非他也这么宝贝你。不然的话，就等于在拿负数和负数相加，最终的结果是更大的负数！

从小开始，父母就应该教育女孩子要坚强和清醒，尤其在面对感情的时候。

告诉女儿：丈夫只是自己衣橱里的一件衣服，要好好地珍爱他，因为他是你最喜欢的一件，仅此一件。但是，当你真正失去他了，也不必悲伤失望痛不欲生，因为他也只是一件衣服，剩下的生命里还会遇到很多这样的衣服，虽然款式各不相同，但应该也还不错！

嫁妆和聘礼是女人走向婚姻的贴身伴侣，代表的是女人婚姻的身价。古往今来，无数女人用嫁妆和聘礼炫耀自尊，因为有了它们，女人"婚"得心满意足，不禁感慨——

流水的年华，不变的嫁妆

结婚的大日子里，女人最重视的两大件，历来都没有变过：聘礼和嫁妆！

婆家人能拿出多少钱来给儿子办喜事代表的是男方家的实力，娘家人愿意陪送女儿多少嫁妆则是女人脸上的面子问题。虽说时代进步了，规矩比以前减少了，可女人的嫁妆情结却一直存在。

姚木兰的妆奁是七十二抬，一时间羡煞了北京城里所有的姑娘、小姐、夫人、太太；王熙凤腰直气粗直接原因是丰厚的嫁妆做后台；西门庆要娶李瓶儿一多半也是看上了她的私房钱财。不论何时何代，没有丰厚陪嫁的女人总是难免尴尬，咿咿呀呀诉不完的幽怨。

依稀中还见待嫁的薛湘灵唱白："怕流水年华春去渺，一样心情别样娇。"

道德家看《锁麟囊》看出的是因果报应，善有善果，女人看《锁麟囊》却只看到了有无嫁妆的天壤之别。毕竟，薛湘灵纵有菩萨心肠，没有百万的嫁妆做后盾，也赠不得赵守贞满袋珠宝的锁麟囊，自然更没有日后的善有善报了。慈善家不光要有善心，更重要的是得有银子。

再说回到现如今，时代进步了，聘嫁的风气并未减弱。更有甚者，嫁资聘金一涨再涨，寻常小户人家嫁女聘媳，越来越感艰难。

甚至有姑娘死抻着不肯嫁，原因在于："再等一年，不知聘礼钱还会涨否？"

真是吓一跳，结婚竟然成了买卖，个个自认奇货可居！

比之于男人，女人真的很特别。男人把结婚当成一个程序，女人把结婚当成另一次生命的开始，《鸿鸾禧》中的邱玉清，把置办嫁妆当成女人人生中的唯一一次任性：三分的酣畅，七分的决绝，衣服、鞋帽、首饰种种物件都要准备齐备，那架势似乎一辈子不再买东西了似的。结果呢，结了一次婚，白添了不少用不着的东西。

这就是嫁妆，既是压箱底儿的，又是压心底儿的，女人把这个称为踏实。

越是优秀的女人越有嫁人的难题。

“如果结婚后遇上了比他更好的男人怎么办？”

“如果结婚后才发现他有我难以容忍的缺点怎么办？”

“他真的优秀吗？”

“他真的比我优秀吗？”

“他真的算得上金龟婿吗？”

优秀女人的问题往往格外的多，这么狂热地在意男人的“质量”，难怪嫁不出去……

“一线女人”的嫁人难题

身边有很多“恨嫁女”，年纪不小了，可就是一年接一年地待字闺中。

不过，你千万不要以此认为她们条件不够优越，难找到合适的对象。

难找到合适的对象是真的，但她们的自身条件不仅不差，相反还是出奇的好！

世人把她们称为“一线女人”。顾名思义，好比大牌明星一样，条件当红！

就是这么一批女人，至今还在原地转圈。眼看着身边一个个学历、长相、工作、条件都不如她们的“二线女人”纷纷嫁为人妇，成了幸福的“孩儿他妈”，这些“一线大牌女人”也着急，但仍然坚持着自己不变的择偶准则！

不能否认“一线女人”们的优秀特质。读大学肯定是一流名校，学英语一定得是四六八级，业余时间不弹钢琴也得学学芭蕾，瑜伽这种大众休闲根本不屑一顾，长相够美，气质够好，品位绝对不俗。这样的女人不是人人都能当得的，那是造物主的格外恩赐！就算想钓个金龟婿也得是24K纯金的！

与“一线女人”不同，“二线女人”也有个把与自己一样普通的追求者，经过一两次的负气、争吵而最终成为饮食男女、平凡夫妻。说起婚姻、说起老公，她会抱怨牢骚，但是牢骚的同时唇边依旧挂着幸福的笑。

“一线女人”活的是个姿态，是给外人看的，幸不幸福，很难评价；“二线女人”过的却是日子，甘之苦之，都是有滋有味的！

很难看到正值花样年华而风光大嫁的“一线女人”，更多的“一线女人”总是在长久的徘徊和挑选中诚惶诚恐地度过了令人尴尬的三十岁。

是啊，过了三十，还有多少可以挑选的余地呢？

差不多就行了。

三十岁以后的“一线女人”几乎也可以等同于“二线女人”了，也可以给自己一个心安理得的嫁人理由了，就算他是18K的也好，镀金的也罢，爱，总是最可贵的。

唉，不得不承认：不等熬到降价，没有女人会心甘情愿去“婚”。

只不过，降价的女人、降价甩卖的爱，这一生，总会有一点点名叫“悔意”的东西萦绕在心……

优秀的女儿，也害怕丢脸的父母。
毕竟，“龙配凤，鱼配虾，乌龟配王八”是市井中的婚姻哲学。
时至今日，“门当户对”四个字已经不是钱财家势这么粗浅了，婚姻的双方，更注重对方父母的素质和修养。很多被父母低素质所累而没能获得理想婚姻的女人，不禁感慨——

父母的素质，女儿的身价

很多人苦恼过一个问题：父母的低素质有时候会成为儿女婚姻的障碍。尤其对于一些心高气傲有才华又能干的未婚女性而言，嫁到高素质、高地位的婆家，难免会让对方轻视自己的娘家！

门当户对是老思想了，现代社会已经有了很大的改变。毕竟，现如今男人女人都可以工作养家，家庭条件不好也可以通过自己的努力改变命运。但即便如此，找一个高素质的“亲家”，仍然是大多数家庭的共同想法。

“高素质”三个字往往不是与钱挂钩的，它代表的是读书知礼少些市侩气，这样，两家日后相处起来，也能够多些雅气，少些俗气。

这绝对不是势利心。在什么都讲究素质教育的今天，父母实在也应该补补自己本身的“素质”课了。举目四顾，到处是为了一毛两毛跟菜贩吵架的老妇，也有为沾个块儿八毛的小便宜就乐上好几天的大叔，更有宁愿开罪所有人也不愿吃一点儿小亏的大婶，还有一出口就粗话连篇的老翁。

每每看到他们，心里会闪过一个念头：做他们的儿女，该怎么想？

儿女们当然不是无动于衷的。

很多人说，每当看到父母这些行为，着实感到脸红，若是再当着外人的面儿，一张脸简直不知该往哪里搁。

有个女孩儿来信说：“生在这样的家庭，遇上这样的父母，是此生最大的憾事！连朋友都不敢往家带，丢脸！”

按中国人传统的思想，这样的女儿真够不孝的，父母生你养你已经是功劳，难道还有错了不成？

但由着这女孩儿，想到了《红楼梦》里的探春：摊上个有点儿“三八”的老妈，总觉得矮人一等。上上下下的人说她是“老鸹窝里飞出的凤凰”，既是夸她，也是贬她妈！

实话实说，老鸹窝里飞出凤凰比老鸹窝里飞出老鸹是件更不幸的事儿：因为后者认为是理所当然，而前者则会痛苦自己怎会有个这么“丢人”的出身！

婚姻，永远都讲究虚荣，在中国，高素质的父母本身就是女方身份的象征！

优秀的女儿，也害怕丢脸的父母。“龙配凤，鱼配虾，乌龟配王八”，是市井中的婚姻哲学。

作为父母，要明白：世界上人最多，人当中市民最多，宁做大市民，别做小市民！

豪门婚姻对女人而言是一种极致的风光，也许风光背后会有不尽如人意的滋味，但，是女人就拒绝不了风光的诱惑。

女人都有豪门情结

接触了很多漂亮女子，未婚待嫁。说起自己选择理想伴侣的标准时，总是异口同声：“不是富豪不考虑！”

如今的女人对于“富豪”的概念也与时俱进地发生着转变。几年前，富豪的概念只等同于大款，有钱就行，管你祖宗八辈是干什么的，是高小文化还是博士学历没有太大的区别。

现在不一样了，干什么都讲究身份。如果只有钱没有令人称道的家世背景，充其量也只是个暴发户，对于那些漂亮可爱又品位不俗的女人来说，土大款绝对排不进心中的前十位！

这帮女人眼里，真正的富豪得是不折不扣的“高端男人”——事业丰收，本人受过良好教育，当然最好父母也要受过良好教育。这样，结婚以后处理起婆媳关系就更能够游刃有余、风度优雅了！在她们看来：让一个如花似玉的女孩子跟一个目不识丁的乡村老太婆叉腰吵架，简直“有辱圣贤”！

女人都明白这样的道理：女人就像鲜花，命运与攀折她的男人有关——女人嫁个什么样的男人即会为她带来什么样的命运。

这个世界上每天都有无数的“鲜花”盛开，并在娇艳之际找寻自己的那个“折花人”。这种“人往高处走”的普遍心态，很难对它作出是褒是贬的定义。

多年前人们总是痛斥“功利婚姻”的可鄙性。但多年后的今天，很多人却说：“多花点儿心思钓个金龟婿，是关系到一生幸福的事！难道只有一清二白才能证明思想的高洁吗？”

有相似想法的女人很多。

但是，女人，有着尚可挥霍的青春和美貌，尽自己的努力找个高端男人并没有错。但也要明白，嫁入豪门是运气，未必是福气，因为幸福并不仅是财富那么简单。

想嫁入豪门的女人，你了解豪门是什么吗？

老公有了婚外恋，怎么办？
十有八九的女人这时候想到的是发泄怒气。
做妻子和做情人就是这点不同。做妻子的明明是受害的一方，却大发虎威，令人胆寒；做情人的明明是施害的一方，却楚楚可怜，让人疼惜。你说，男人如何能不站在情人的一方？于是做太太的指骂妖精的手段高，但是你不要心急，因为——

情人熬不过正妻

很多正房太太来信控诉“小三”恶行：“这年头的狐狸精贼精贼精的，人人换上一副可怜楚楚的痴情模样，说什么‘可以不计名分做二房，只求能够和他终身厮守’。这样的女人可恶更可怕，几个男人逃得过这一招啊！”

越来越多的“三儿”，用自己火热的激情和痴情俘获着一个个已婚的男人——为了轰轰烈烈爱一场，我粉身碎骨也无妨！

对男人而言，这是一种最强劲的情感冲击力：女人不计较得失的爱永远是套牢一个男人心的最有力武器！

已婚男面对痴情女，没有理由不被击倒！

当然，作为太太，要明白：虽然“小三”们痴情款款，扬言可以不计任何名分得失做你的“副手”，但这终归只是女人的爱情伎俩。

处在这种位置上的女人，如果真对婚姻不报奢求，只能说明她还年轻，还不急着结婚。时间一天一天过去，等到她不能再等的那一天，没有任何女人会有现在这份安然。两年四年六年……女人离三十岁的关口越近，对婚姻的渴望也会加倍。是女人都渴望婚姻，当至情至性遭遇到生活现实，前者必然落败，谁让女人都是凡人！

“可以不计较婚姻”的女人，多是想换取男人感情的女人！

作为太太，如果你的老公被这样的女人绊住了脚，不必着急。即便她比你年轻十岁二十岁，但她熬不过你，因为你是他的太太，而她只能幻想当他的太太。只要你岿然不动，终有一天她会自动撤退。

婚姻是利益的结合，任何人都会选择对自己最有利的一方做终身伴侣，他也许会迷恋婚外情人的种种一切，并不代表她能带给他利益的最大化，男人都是一样的想法：老婆是生活，未必动人，但起码实在；而情人是梦，也许唯美，但只能偶尔做做！

这世上没有天长地久的婚外恋，因为没有人可以绝对免俗可以完全不奢求“名分”。情人永远熬不过正妻，因为激情永远熬不过承诺。情人如此，做情人的女人更如此！

同样是女人，但儿媳妇和婆婆永远不可能真正走进对方的世界——

女人看不懂女人的心

婆媳本就是天敌，为了争夺一个男人心中的第一地位而日日交战不休。很多刚刚结婚的年轻主妇跟婆婆的关系总是弄不融洽，用她们的话来讲："婆婆不是把我当成媳妇，而是把我当成仇人，总认为我抢了她的儿子，让她成了孤家寡人！真是气死人！"

这世上，唯有婆媳最难成为真正的知心朋友，只因为她们中间站立的那个男人。

媳妇不要嫌冤枉，平心而论，哪个男人不是"娶了媳妇忘了娘"？

再孝顺的男人，一旦结了婚组织了小家庭，生活和情感的重心都会转移到太太和孩子身上，父母反而成了第二梯队的亲人——偶尔休假时聚会的亲人。

结婚了，儿子即使不是忘了娘，也是远离了娘。

做娘的，如何能够不伤感，如何能够无动于衷？

做人妻，不要这么不肯吃亏，人家辛苦养了几十年的儿子都能够拱手送你，何必在意她的一点点唠叨？拿了人家最心爱的东西，要懂得感恩和珍惜，她对你发飙也仅仅是希望你能够更爱她的宝贝，一个母亲的心，除此，别无其他。

只有女人做了母亲，做了儿子的母亲，才能够真正理解婆婆的心思，但遗憾的是：这世上很多女人即便生养了儿子也依旧与婆婆势成水火。

只因你没有看懂另一个母亲的心……

婚前，男人喜欢处女；婚后，男人喜欢贞女。当然，做老婆的女人最好是婚前处女婚后贞女。不过，如果做不到两全其美怎么办？那一定记住——

婚前处女不如婚后贞女

古今中外，有两则与婚姻有关的宫廷故事为世人津津乐道。

第一则故事发生在千年之前的隋末唐初，隋朝大官僚杨素的家妓红拂小姐爱上了年轻帅哥李靖，与之私奔，结为夫妻，后李靖辅佐李渊开创李唐王朝，成为大唐第一元勋。夫荣妻贵，当日的舞女红拂当上了一品诰命夫人。而李靖，即便功成名就，也丝毫没有因为红拂的“过去”而厌弃她，夫敬妇爱，白首终老。

第二则故事发生在20世纪的英国，英国王子查尔斯到了适婚年龄，英国皇家传统古老而又保守，要求未来的王后必须是一个处女。经过多轮选择淘汰，英国皇室最终把目标锁定在了19岁的平民女子戴安娜身上。处女之身，是她当选的决定性因素。当然，后来的故事大家都知道了，查尔斯并没有因为娶了一个处女而获得幸福。相反，这个婚前的处女王妃在婚后反而表现出了超乎想象的热烈情欲，她的情夫从军官到富商、从贴身保镖到体育明星……绯闻事件不绝于耳、热闹非凡，着实让英国皇室丢脸到家，这对童话般结合的夫妻却以离婚告终。

两个女人两种命运：两段截然不同的开始，两种截然不同的结局。但是，如果让全世界的男人来挑老婆，九成九的男人会选戴安娜，原因很简单：婚前她是处女！

当然，她也仅仅是个婚前的处女，婚后反而成了荡女。而红拂，婚前倒是个妓女，婚后帮夫成名、教子成人，反倒是难得的贞女。算起来，不是红拂慧眼识李靖，而应该是李靖慧眼识红拂，如此贤妻，即便不是处女，也值得八抬大轿！

自从有“处女观”以来，吃亏的不仅仅是女人，更多的也是男人。男人的处女情结越来越成了女人要挟幸福的工具，既然社会普遍认这个，那女人更要“吊”起来卖，奇货可居，不够等值绝不出手，而且售后的服务要加倍仔细，一不称心，便捏起鼻子大哭：“我哪点对不起你！嫁你时是清清白白的女孩儿，你倒好，反而跟几个女人有过那种事，我不嫌你你倒反过来嫌弃我！你有什么资格！”

到了此时，男人才真正明白什么是作茧自缚：原来娶了处女，不见得感觉很好！

婚姻问题上，十个学者敌不过一个大款，十个大款敌不过一个处女。

男人落入了自己编织的圈套，娶了处女，往往意味着彻头彻尾的臣服和一生一世的麻烦。

处不处女，只是世俗中男人给男人下的圈套，尤其是科技发展到今天，整容术已经可以将任何假的变成真的，非处女经过一点点改动，重新变成了处女。

处女膜失去了以往的意义，变成有些女人哄骗男人的游戏，而男人乐于受骗。

恋爱中的男女要学会往上看，脑子里的东西才是真东西，才能保障终身幸福。一味往下看，往下半身看，只能越看越相厌，肉体上的处女远远不如精神上的处女具有魅力。

婚前的处女，不如婚后的贞女。

富贵易妻，是古来就有的惯例，直到现在，依旧有不少人莫能免俗。

男人会说，爱情，常换才能常新。不是吗？

当然不是，有时候，爱，永远是常换常旧……

爱情，换一次旧一次

不论是民间还是非民间，总有着这样不成文的惯例：一旦某人功成名就、富甲一方，紧接着的十有八九是婚姻危机，不论男女，总难幸免。

物质社会要用物质说话，这样的年代，社会地位直接影响到一个人的婚姻家庭地位。

见过很多事业有成的中年男人重新洗牌婚姻，再一次为自己精心挑选一个年轻貌美的妻子。也正是在这样的风气引领下，老夫少妻之风才开始泛滥起来。男人把这称之为宝马配金鞍，女人把这叫做资本时代的资本运营，美貌本身堪配财富！

酒桌之上，酣醉半晌间，总有些成功不成功的男人戏谑：“人到中年死老婆，人生一大乐事也！”

听听，男人的私心泛滥到了这步田地！

人都是追求新鲜的动物，没人喜欢守着几十年如一日的东西度过一生。老公、老婆当然可以常换常新，可换过了之后生活真的就完美了吗？夫妻的爱，不敢说是一生一世不变的承诺，但至少是半辈子的风雨与共。你是愿意找一个人共同度过自己的后半辈子，还是愿意拿自己的后半辈子来陪别人走过她的前半生，真的是个需要仔细选择的答案！

当然，真正渴望人到中年死老婆的男人毕竟是少数，更多的男人在老婆的围裙间体味着生活的平淡与甘甜。

常换常新的只有衣服。而爱情，只能换一次旧一次，不是吗？

本堂总结：

同样一场婚姻，不同的女人总会有不同的结局：平凡女人是主妇，可怜的女人做怨妇，可悲的女人成了弃妇。

当然，这不是全部，总有些女人在婚姻中活得格外游刃有余。婚前，她是自己的公主，婚后，她是老公的皇后。你若问及秘诀，她们会嫣然一笑："我的心态好啊！"

是的，没错儿。如果说恋爱比的是智力，那婚姻拼的则是耐力。爱的马拉松里，没有良好的自我心态调整能力，那女人的婚姻必然屡屡碰壁。

婚姻，不是让女人"身价"贬值的地方，聪明的女人要懂得学会如何在婚姻中让自己慢慢升值！女人，都要做婚姻中的一等女人！唯此，在婚姻的迷宫里，才不会有迷途的危险！

告别"绝望主妇"，从今天起，只做"魅力女皇"！

附录：

苏芩警言

长得漂亮是优势，活得漂亮是本事。

爱可以是无价的，但快乐往往是有价的，男人愿意为你付钱，证明——你曾给过他快乐的经历！

女人都有傻傻的纯真——对于自己爱过的男人，希望他永远只记住自己最纯最善的一面。

相濡以沫不代表爱情消失，只不过是：爱情换了套衣服，夫妻换了份心态。

恋爱，可以钟情可以专情可以自作多情，但不必太痴情。对女人而言，痴情也是一种罪过。

恋爱的通行法则是——越背叛，越迷恋。

父母如果把钱作为女儿婚姻的门槛，那娶你女儿的男人，自然只能把她当“货品”来看待！

富家公子最享受万千女人的追捧——不缺钱的人大都喜欢炫耀自己的荷尔蒙！

穷人渴望有钱，富人渴望有爱。人都是这样，过着被人羡慕的生活，却又羡慕着别人的世界。

男人，永远拒绝不了至情至性的女人。

恋人也是分很多种的，有些“恋人”是生活必需品，有些“恋人”只是感情休假。

女人的心是单人房，但男人的心里往往能搁下一张多人床。

浪子，往往完美得无可挑剔，但也自私得无可救药。

高尚的女人从来不是让男人迷恋的女人，因她不够自私，因而也不够可爱。

找份好工作，找个好男人。大多女人的幸福都是这样的模板。

情欲如同毒品，时间久了自会上瘾。

爱的时候对方是完美无缺的，乞丐也像王子，不爱的时候怎么看对方都不顺眼，王子也像乞丐。

面对距离，再矢志不渝的爱亦会感到心虚。

思念是一种毒药，你或许离不开它，但不代表它是有利健康的。

女人用柔弱远远比用强势更容易征服男人，哄着他，然后让他听你的话。强女人总是这样征服男人的。

相亲有时候和逛街有相似之处，只要不怕累、不怕苦、不怕麻烦，总有一天能让你淘到宝。

得到一个人的好感容易，得到一个人的心很难……

很多人的恋爱都熬不过“距离”这一关，当面谈情，分离忘情，是人之常情。

关于爱，每个人都有自己的注解，但往往走不进对方的世界。

距离产生美，但太远的距离只会扼杀美。

男人与女人最大的不同在于：女人有了成功的事业也未必会有成功的爱情，但男人有了成功的事业就一定会有成功的爱情！

过分的理性，令女人失去了女人的属性。

在不合适的时候结婚，十有八九会是一场不合适的婚姻。

恋爱，总有风险，成功失败各占一半。想要爱得起，先要输得起！

一个美女老婆是男人的乐事，一个美女老婆能从厨房中端出精致佳肴则是男人的福分。

一个女人愿意在酒桌上输给一个男人，证明她真的爱这个男人。

任何男人心里都有两个女人：他最爱的和最爱他的。

离婚不是什么斗智斗勇的游戏，而是比耐力，谁更有耐性，谁就是赢家。

女人不要把做尤物当成荣幸，在男人心里，尤物等同于猎物，如果他把你当成了尤物，那他当然就只是个猎艳的男人。

一个男人跟你说“顺其自然”，那潜台词往往是：一旦有了新的目标，他会跟你说拜拜，到时候，希望你不要纠缠！

经历过感情失败的人都希望自己的下一个一定要胜过前

一个，唯此，才会有雪耻的快感！

女人对待感情常有惯性，有了爱，就希望能一直爱下去。

没有天长地久的婚外恋，男人都像孩子，玩累了总要回家。

钱，是一个男人魅力指数最好的添加剂，一个没钱的男人色不香味不美，总觉得缺了滋味。

男人要有地位，但不能高得吓人。稍微一努力，自己就有可能站到他们的身边，这样的男人，才最令女人期待！

成熟，是一个男人令一个女人意乱情迷的首要因素！

拖泥带水的感情，往往没有善终，学会拒绝，才有好的结局！

男人的完美往往都是装出来的，就如同女人的美丽要靠化妆品来完成一样。

对于女人而言，钱和年龄，都是婚姻中的不安全因素！

如果连女人都不爱惜女人，那女人的世界还有什么乐趣？

人生没有再来一次的机会，不想后悔，那就，跟着自己的心走……

世间最大的一种痛，莫过于在起点便失去了盼念，日日熬煎着接近终点。

婚姻，对很多女人而言，仅仅是一种生活策略：虽然不满意，但也离不开。

男人总希望能独占一个女人的身体，就像女人希望能够独占一个男人的爱。

不要因为经历过一个恶劣男人，便认为全世界男人集体恶劣。

当一个男人习惯了一个女人，那就意味着，你将要死死把他套牢了！

当一个男人觉得身边的女人可有可无时，会生出种种的挑剔心：不够漂亮，不够聪明，不是处女……

年轻男女总有一颗爱“动”的心，随时随地擦枪走火；中年男人都有一颗爱“冻”的心，轻易燃不起爱的火花。

年龄，是逼迫女人降价的原因。

爱情，有时很像醉酒时的感觉，脑袋明明是清醒的，行为却不受脑袋的控制。

男人的命运是事业，女人的命运是男人，一个女人会改变一个男人的生活，一个男人会改变一个女人的生命。

爱一个人不是一辈子的事，爱一个人只是一个阶段的事。

爱得自由比爱得深刻更幸福，占有对方的全部并不是爱的真谛！

婚姻是结合，不是捆绑。

挑丈夫的条件不需要多，只需一条足矣：他有爱有宽容，对你，对世界……

爱，可以培养，也可以消减，时间是其中最好的催化剂。

恋爱男女，能够修成正果的都是分分合合无数次的，否则不算是真正的欢喜冤家。

对于没有承诺的爱情，可以玩，但不可以当真。

分离，会加剧女人的思念，却会淡化男人的思念。

对一个有家庭的男人，可以爱，但不可以当真！

想偷腥的男人很多很多，真正想改旗易帜的却寥寥无几！

一个依赖他的女人，男人会宠爱；一个他依赖的女人，男人却无法离开！

一个伤心的男人，没有理由对一个伤他心的女人死心塌地！

曾经的婚史，不是一个人的丑闻，而是一个人的经验。

一段让你觉得无路可走的婚，一个让你对未来不存一点儿幻想的男人，唉，实在是女人婚姻中最大的不幸！

女人，相信一个男人的情话，不如享受一个男人的情话。前者会让你失望，后者会让你的恋爱多些色彩！

男人大致都是差不多的：需要女人的爱，需要很多很多的爱……但同时没有人有耐心爱到地老天荒！

女人的欲望，往往来源于男人对她的好！

生活，就是鸡肋味道的生活。虽然食之无味，但毕竟还有它的可取之处！

一个爱“玩”的人，结婚不仅仅是一个决定，有时候还是一种决绝的勇气！

做情人，最大的底线是保护自己。而保护自己最好的方式就是不要强迫对方。

多情皆因寂寞，寂寞是引发感情的极重要因素。

越是多情的男人，在移情别恋时越显得绝情。因为他的爱也是技巧，一朝反复，你只会伤得更疼！

事实证明：女人，结婚之前如果心不甘情不愿，结婚之后也别指望着能够有幸福的奇迹出现。

热恋中的人总认为自己独具慧眼，但实际上往往是把鱼眼错当成了珍珠。爱情是会让人失去正确的判断力的。

女人的心里同时装不下两个男人，一个进去了，另一个自然就退出了。

女人，如果学不会感性，尤其是在男人面前的感性，那离完满的爱情还很远。

女人的衣服可以多到穿不了，但绝对不能少到不够穿！

惊心动魄的爱情，即便失败，也是女人的终极梦想！

处女受人重视，处男则受人鄙视，女人以初夜为荣，男人以初夜为耻。

衣服是一个平凡女人走进公主美梦的重要道具，就如同灰姑娘没有华丽服装也进不了宫廷舞会现场！

没有女人对婚姻绝望，只是对男人绝望。不愿结婚，只是没遇上好男人。

钱是男人的产业，有钱男人是女人的产业。

女人的爱最希望带有“赌”的意味，因为女人的爱喜欢走悬疑路线，太直白地接近真相，没有意思。

真正的爱，必然要带点儿毒性，唯此，才会让人记住。

慈悲也要用对地方，否则便是毒药。

没有男人能够爱你若子，这世上唯有父母的爱可以永恒而无私，除此之外，女人该时时刻刻作好接受背叛的心理准备。

女人是男人的运气，男人是女人的命运。

一个一个的男人经历过之后，女人会蓦然发现：原来最好的那个出现在最初自己好高骛远的年纪……

在爱情这件事上，女人宁可自私，不要自虐。

聪明的女人读得出男人的实话，却不拒绝聆听男人的假话。

对女人而言，相信一个男人的谎言并不难，只要有爱。

生活在都市里，人人都难免有一颗寂寞的心。人人想搞暧昧，但暧昧不等于爱。

敢爱的女人不一定有敢恨的勇气，敢恨的女人又容易丧失继续爱下去的魄力。

“麻雀变凤凰”是人人都想的美事，但你要明白：飞上枝头的，未必都是凤凰！

女人该留一点儿矜持，那种若即若离的美感，会让爱你的男人更加钟情！

好名声是女人最体面的嫁妆，胜过一切的学历和财产。

男人不喜欢有太多情史的女人，这是个亘古不变的真理。

男人以吃饭向女人提出爱的邀约，女人以吃饭向男人发出爱的信号。吃与爱永远是这样的关系。

一个男人，爱一个美女，是乐趣。一个男人，爱一个丑女，是勇气。一个男人，爱一个俗女，是感情。

女人想过什么样的生活，就要先变成什么样的女人！

让女人动心的男人可以形态万千，让男人着迷的女人永远有共同的名字——美女。

男人常常有娶错妻的遗憾，女人永远有嫁错人的感叹。

一个年轻女人可以不需要婚姻，但身边至少要有一个可以结婚的男人。

女人，如果不擅长“可爱”，那所有的风华绝代也都没了意义。

但凡那些把男人当“梯子”的女人，莫不被男人当成“玩具”。

女人，一旦把“欲望”写在脸上挂在嘴边上，那就意味着男人的真心离你越来越远了！

一个人在都市里待得时间久了还愿意相信些什么，是件幸运的事！这代表，你还年轻。

爱情需要门第，友谊也分阶级。

都市不需要真实的人，只需要坚强的人。

该哭的时候也能咬着牙笑，这一种虚伪叫做——坚强。

一人两排毒牙，是最令女人胆寒的利器。

一个人有没有钱，看周围人的脸就知道了。

因美丽而成功的人很少，因成功而美丽的人比比皆是。

话多的女人其实不可爱，除了别有用心者，没人真正喜欢以话传话的女人。

一个女人，年轻时活得不世故，年老时活得不泄气，就是完美的一生了。

面对金钱，爱情是伟大的，面对巨额金钱，爱情是可以交换的。

生活在一起久了，两个人之间必然存了一点儿恨意。这世上，很难有互相不存一点儿恨意的夫妻。

爱和疼是感情的两种境界，男人情愿放弃一个爱自己的女人，也不愿意放弃一个疼自己的女人，只因后者能让他的日子过得更舒服。

都市里天天上演两个女人的战争，为了同一个伤害她们的男人……

婚外的爱，可以有要求，但不必有奢求。

越是不成功、不自信的男女，越希望早早步入婚姻，皆因，他（她）需要一个人来共同分担生活之累！

在情爱隐私问题上，男人只要不存在炫耀的态度，就是女人的福气！

一个女人，想要婚姻，却迫于生活压力而不能拥有婚姻，实在是最折磨人的事情。

人善被人欺，不想受气，就别当那个软柿子！

用婚姻来反抗父母的女人只会失去更多。

一旦遇上了“爱”这种东西，女人会立刻变得“高尚”，傻傻得搞不清楚自己想要的是什么！

女人总希望能以言语获得对方的认同，但实际上却是用言语堵住了老公的嘴。

越是基层人士越重视女人的初夜，男人会想——自己这辈子本来就混得不咋地，要连老婆也不是原装，那得多憋气！

最可怜又最不切实际的女人是：既要感情也要物质，想做拜金女，又想做多情女。

女人若想在黄金年龄就过上黄金生活，那么就一定要做到“绝情”！

虽说恋爱总免不了有合有分，但人人都希望“分手”的权利只掌握在自己的手里。

女人，只有不让你的老公感到绝望，你的婚姻才有希望！

压力，对于强势的人而言是动力，对于弱势的人而言是阻力。

对待婚姻问题，女人可以睁一只眼闭一只眼；对待名誉问题，却不能有任何的闪失。

女人永远不会对自己的“情敌”释怀，不论是主动的情敌还是被动的情敌，统统是她的心头至恨！

夫妻双方需要一点儿“内疚感”作为婚姻的动力，唯此，你才能对他（她）付出更加倍的爱。

越诱人的女人，代价越“贵”！

在你哭时愿为你递一张纸巾的男人，绝对比对着你婆娑的泪眼大谈你侬我侬的男人更懂得天长地久。

为了一点点感动而降低自己的爱情门槛，那么，等感动消失之后，女人心里一定会有好大好大的失落感。

当爱情激情消退之后，能够保障一个女人婚姻幸福的东西，往往是各式各样的“硬件”！

西式大餐不养胃，完美男人也未必养心。有些男人，纵然没有大把的银子，但对女人而言，他有他的营养。

美丽不能偷懒，爱情同样不能有懒惰的心！

作为女人，如果不想做吃素的唐三藏，那么，请一定记住：一个苦行僧式的男人，能不嫁还是不要嫁的好！

如果不想日后锥心刺骨的疼痛，那没有回报的爱不要付出。

女强人希望全世界都以她为荣，但强女人只需要让自己最爱的那个男人以她为荣。

精明女人不少，精明男人更多，当精明遇上精明，聪明的女人要学会“装傻”！

势利心谁都有，但势利话谁都不爱听。

道理往往无法帮你过得好生活，因为生活根本是不讲道理的。

图书在版编目（CIP）数据

真爱没那么累，幸福没那么贵 / 苏芩著 .
—长沙：湖南文艺出版社，2012.6
ISBN 978-7-5404-5518-7

Ⅰ. ①真… Ⅱ. ①苏… Ⅲ. ①恋爱心理学 – 通俗读物 Ⅳ. ① C913.1–49

中国版本图书馆 CIP 数据核字 (2012) 第 065982 号

真爱没那么累，幸福没那么贵

作　　者：苏　芩
出 版 人：刘清华
责任编辑：丁丽丹　刘诗哲
特约策划：张应娜
特约编辑：马冬冬
营销编辑：刘　迎
装帧设计：熊　琼
出版发行：湖南文艺出版社
（长沙市雨花区东二环一段 508 号　邮编：410014）
网　　址：www.hnwy.net
印　　刷：北京世纪雨田印刷有限公司
经　　销：新华书店
开　　本：880mm × 1230mm　1/32
字　　数：180 千字
印　　张：9
版　　次：2012 年 6 月第 1 版
印　　次：2012 年 7 月第 2 次印刷
书　　号：ISBN 978-7-5404-5518-7
定　　价：29.80 元
（若有质量问题，请致电质量监督电话：010-84409925）